伊犁师范大学博士科研启动基金项目“高校‘课程思政’与思政课程协同育人机制研究”（项目编号：2019YSBS007），伊犁师范大学出版基金资助

新时代大学生思想政治理论课心理定势研究

王孝如　著

东北大学出版社
·沈　阳·

图书在版编目（CIP）数据

新时代大学生思想政治理论课心理定势研究 / 王孝如著. -- 沈阳 : 东北大学出版社, 2024. 9. -- ISBN 978-7-5517-3588-9

Ⅰ. G641

中国国家版本馆 CIP 数据核字第 2024CA0405 号

出 版 者：东北大学出版社
地址：沈阳市和平区文化路三号巷11号
邮编：110819
电话：024-83683655（总编室）
024-83687331（营销部）
网址：http://press.neu.edu.cn
印 刷 者：辽宁一诺广告印务有限公司
发 行 者：东北大学出版社
幅面尺寸：170 mm × 240 mm
印 张：11
字 数：203 千字
出版时间：2024 年 9 月第 1 版
印刷时间：2024 年 9 月第 1 次印刷
策划编辑：王 佳
责任编辑：王 旭
责任校对：周 朦
封面设计：潘正一
责任出版：初 茗

ISBN 978-7-5517-3588-9 定 价：60.00 元

前　言

新时代大学生思想政治理论课心理定势研究主要包括：新时代大学生对思想政治理论课有着怎样的心理准备状态，对思想政治理论课有着怎样的认知态度与期待；这些心理准备、认知态度与期待是如何形成的，受什么因素影响，对接受思想政治理论课有何影响；在思想政治理论课教学过程中，如何针对大学生的心理定势采取可操作性强的举措，切实提高思想政治理论课的教学效果，进而提高思想政治教育的实际效果。对大学生思想政治理论课心理定势的研究，既是丰富大学生思想政治教育对象研究的需要，又是增强高校思想政治理论课教学效果的需要。本书所述研究具体从以下六个方面展开。

第一章为绪论，介绍了本书的整体内容。首先，介绍了本书所述研究的背景，从为党和国家培养合格建设者和可靠接班人、丰富和完善大学生思想政治教育对象研究、增强高校思想政治理论课实效三个方面进行了阐述。其次，对研究现状进行了梳理和分析，即分别从心理定势理论及其运用、大学生对思想政治理论课的认知态度与期待、影响因素及调试策略等方面进行了梳理和分析。最后，介绍了研究内容及重难点、研究方法、研究的理论意义和实践意义，以及研究的创新之处。

第二章为新时代大学生思想政治理论课心理定势的内涵解析。本章是本书所述研究的理论基础。首先，对大学生的特点进行了介绍，包括大学生的心理特点、思想特点和行为特点，通过对大学生特点的研究，得出新时代大学生整体积极上进，自我意识增强，且逐步走向成熟稳定。其次，论述了思想政治理论课所具有的特点，即以立德树人为宗旨、政治性和理论性较强、教育内容更新较快、学分和学时多、学生多元化等。再次，对心理定势理论进行了梳理和界定；借助我国心理学界相关研究，用图式理论解释了定势发生的内在作用机制；介绍了定势的形式化结构、方向性、多样性、广泛性、强大惯性和固着性等特点，以及心理定势类现象，如首因效应、晕轮效应、经验效应、移情效应、从众效应、刻板印象和偏见等。最后，对大学生思想政治理论课心理定势的概念进行了解析和定义，认为先前学习、生活及个性偏好等多种因素，使大学生形成了对思想政治理论课认知与接受产生影响的心理状态，这种心理状态影响着大学生对思想政治理论课的学习。

第三章为研究过程及调查整体情况统计。本章主要介绍了本书所述研究的调查问卷设计情况和具体数据收集过程，并对具体数据进行了统计及简要分析。问卷调查采取网上随机发放的方式，收回有效问卷1020份，主要对大学生的整体情况进行了统计和分析。问卷包括大学生的性别、民族、生源地、政治面貌等基本情况，中学时期学习政治历史类课程的基本状况，家庭中父母的职业、学历、亲子关系等状况，大学生的学习成绩、课余生活、课前学习投入等文化背景。本书所述研究从多个方面进行了问卷调查，旨在全面了解大学生的整体状况，考察大学生的前期状况，为后期研究分析大学生心理定势奠定基础。

第四章为新时代大学生思想政治理论课心理定势的现状调查。本章主要从大学生对思想政治理论课各要素的认知与期待着手，详细介绍了大学生对思想政治理论课的情感态度，包括对教师、教学内容、教学方法、课堂组织、教学效果、课程价值、教学环境等多方面的认知与期待。从整体来看，大学生对思想政治理论课持有积极的认知态度，对教学内容、方法、效果、价值、环境等都能客观评价，通过对大学生认知与期待的调查得出，大学生渴望思想政治理论课能够答疑解惑并解决现实中存在的问题和困惑。

第五章为新时代大学生思想政治理论课心理定势的影响因素分析。通过进一步分析调查数据，找出产生大学生心理定势的影响因素，如不同学科、中学时期状况、学生自身的价值取向、家庭状况的影响程度，以及性别、民族、不同年级、不同高校、政治面貌等因素。分析这些影响因素，为进一步研究大学生心理定势产生的原因和应该采取的应对策略提供参考。

第六章为强化新时代大学生思想政治理论课积极心理定势的对策。根据第五章新时代大学生思想政治理论课心理定势的影响因素，本章进一步地分析了大学生产生消极心理定势的原因，认为思想政治教育环境的消极因素、思想政治理论课的特殊性及其自身建设存在的问题、家庭教育引导不足、部分大学生对自身发展认识不深刻等方面，影响了部分大学生对思想政治理论课的客观认知。在此基础上，提出了通过优化思想政治教育环境、加强思想政治理论课自身建设，引导大学生顺应时代发展大势、树立远大理想和坚定政治信仰，以期淡化大学生的消极心理定势，强化积极心理定势，端正大学生对思想政治理论课的认知态度，满足大学生对思想政治理论课的心理期待，进而提高思想政治理论课的教学效果。

以上是关于本书研究内容的基本介绍。著者作为多年工作在高校思想政治理论课教学一线的教师，对思想政治理论课教学有着深厚的情感，希望思想政治理论课切实为新时代大学生思想困惑答疑与解惑，为新时代大学生成长成才提供引导与帮助。但是在教学实践中也明显地感觉到，学生受多方面因素的影响，对思想政治理论课有着不同的认知态度与期待，而这种认知态度与期待不同，既影响着他们的学习效果，也影响着实际教学效果。基于此，著者希望通过本研究，深入了解大学生对思想政治理论课的认知态度与期待，以便及时有效调整思想政治理论课教学，进而提高思想政治理论课教学的效果。由于著者的学术积累还有待进一步加强，在研究过程中还存在研究不够全面、分析不够深入的问题，这也为今后著者在思想政治理论课教学与研究方面留下了空间。未来，著者会在本研究的基础上，继续深入展开研究，为高校思想政治理论课教学贡献自己的绵薄之力。

著　者

2024年6月

目　录

第一章　绪　论

第一节　研究背景

一、为党和国家培养合格建设者和可靠接班人的现实需要

思想政治理论课（以下简称思政课）是落实立德树人根本任务的关键课程。2019年3月18日，在学校思想政治理论课教师座谈会上，习近平总书记强调："当前形势下，办好思政课，要放在世界百年未有之大变局、党和国家事业发展全局中来看待，要从坚持和发展中国特色社会主义、建设社会主义现代化强国、实现中华民族伟大复兴的高度来对待。我们正在为实现'两个一百年'奋斗目标而努力。未来30年，我们培养的人要能够完成'两个一百年'的伟业。这就是教育的历史责任。我们党立志于中华民族千秋伟业，必须培养一代又一代拥护中国共产党领导和我国社会主义制度、立志为中国特色社会主义事业奋斗终身的有用人才。"①高校思想政治理论课是帮助大学生树立正确的世界观、人生观和价值观的课程，其开设的最终目的是培养中国特色社会主义事业的合格建设者和可靠接班人。大学生树立正确的世界观、人生观和价值观，离不开马克思主义理论教育。只有不断向大学生灌输马克思主义理论，用系统的马克思主义理论武装大学生的头脑，使大学生具有深厚的马克思主义理论功底，为大学生确立坚定的马克思主义政治信仰和立场奠定坚实的基础，才能使大学生在剧烈的社会变革中沿着坚定的理想信念勇往直前，而不至于迷茫、盲从和落伍。只有坚持对大学生进行正面的、系统的马克思主义理论教育，搞好理论武装，才能为大学生分析当今社会思潮提供思想武器，帮助他们作出合乎社会需求和顺应历史发展的人生选择，并在漫长的人生道路上，正确

① 习近平．思政课是落实立德树人根本任务的关键课程［EB/OL］.（2020-08-31）［2024-06-08］. http://jhsjk.people.cn/article/31843368.

处理各种关系（如个人与他人、集体、社会的多种复杂关系），使大学生明确自己的职责与使命，确立自己的人生目标，从而在集体和社会的坐标中找到自己的位置。

二、丰富和完善大学生思想政治教育对象研究的需要

2016年12月7日至8日，习近平总书记在全国高校思想政治工作会议上的讲话中指出，思想政治工作从根本上说是做人的工作，必须围绕学生、关照学生、服务学生，不断提高学生思想水平、政治觉悟、道德品质、文化素养，让学生成为德才兼备、全面发展的人才。2019年3月18日，习近平总书记在学校思想政治理论课教师座谈会上强调，思政课教学离不开教师的主导，同时要坚持以学生为中心，加大对学生的认知规律和接受特点的研究，发挥学生主体性作用。以学生为中心的前提是了解学生，围绕学生、关照学生、服务学生的前提是深入了解学生。在以往的研究中，研究者普遍反映的问题是思想政治理论课教学效果并不尽如人意。对于影响思想政治理论课教学效果的因素，在已有的研究成果中，多从思想政治理论课的教学内容、教学方法，教师自身知识素养与人格修养，以及社会不良风气等方面着手分析，从学生角度分析思想政治理论课教学效果不佳的研究相比较而言要少一些。而且，多数分析认为，最主要的影响因素是教学内容与现实脱离，不能引起学生兴趣；教学方法单一，课堂教学内容所蕴含的价值追求在现实社会中有时会碰壁，让学生对思想政治理论课产生一定的怀疑；一些思想政治理论课教师缺乏人格魅力，不能调动学生对课堂的积极性。在以往的研究中，这些问题确实存在，而且对思想政治理论课教学效果产生了不好的影响，但是在这些影响因素中，除了课程本身、师资队伍及社会影响，还应重视学生因素，对学生接受思想政治理论课之前的心理研究也是十分重要的。

一名培养出无数优秀学生的教师，她也是成功培养出三个优秀女儿的妈妈，讲述了一个关于小女儿的故事。有一天，她看到了小女儿画的一幅名叫《陪妈妈逛街》的绘画，画上既没有高楼大厦和琳琅满目的商品，也没有川流不息的车辆，而是画满了无数条大人的腿。她原本以为，女儿会以孩子充满好奇的心，用五颜六色去描绘繁华的商业街，但是事实上并没有。她拿着女儿的画想了很久后，才终于想明白，由于孩子只有几岁，年纪比较小，身高只能到大人的腰部，所以走在大街上，孩子只能看到大人的腿，这是由她的身高决定

的。于是她开始反思：对学生而言，一些教师认为学生学习不认真、不努力，或者对问题的看法太肤浅，那是由他们的年龄、智力和见识所决定的。她明白了，并不是每个孩子都能用和大人相同的视角看待社会，也不是每名学生都能有和教师相同的认知高度与接受能力。反思思想政治理论课，教师经常不解他们在备课、做研究方面付出了很多精力，但是为什么有的学生对思想政治理论课不感兴趣呢？教师认为，思想政治理论课在学生成长成才过程中发挥着重要的引领和指导作用，可是学生会认同教师的观点吗？目前的反思大多是教师从自己的角度去看待学生，以自己的理解去要求学生，那么教师了解学生的真实水平和想法吗？教师的要求与学生的实际水平和能力匹配吗？这些因素也是教师应该反思的。本书所述研究对象实际上是大学生，以心理定势为切入口，探究大学生对思想政治理论课的真实态度和期待。

新时代大学生思想政治理论课心理定势研究是运用心理学的相关理论来探寻大学生对思想政治理论课持有的认知态度和课程预期，以及在思想政治理论课中大学生对自己有什么期待，希望通过对思想政治理论课的学习来提升自己怎样的素养。因此，研究大学生对思想政治理论课的心理定势，能够丰富和完善大学生思想政治教育对象研究。

三、进一步增强高校思想政治理论课实效的需要

多年来，在党和国家的高度重视和正确领导下，在各级党委、政府和各所高校的共同努力下，思想政治理论课教学通过不断探索与改革，取得了显著的成绩。但在取得成绩的同时，也存在一些问题。随着国内外形势的剧烈变化、互联网的迅猛发展及新时代大学生群体呈现的新特点，大学生思想政治理论教育面临复杂局势，高校更加需要对大学生加强马克思主义理论教育。思想政治理论教育的实效性有待更进一步加强，需要更好地发挥思想政治教育的主渠道作用。调查结果显示，虽然大多数大学生对目前的思想政治理论课比较认可，但是个别大学生认为思想政治理论课教材缺乏一定的吸引力，很难激发学习热情；大学生普遍关注的社会现实问题有些得不到有效解决，或者是解决的问题不能使大学生完全满意，对大学生的实际需求不能完全满足。这些都使大学生对思想政治理论课教育产生了一定的信任危机。课堂上，有的大学生不听教师讲课，注意力不集中，甚至有的大学生连教材都不带，也不做笔记，做着与思想政治理论课教学内容无关的事情。对于课后作业，个别大学生不愿自己独立

思考问题，甚至不理会布置的课后作业。

个别大学生对思想政治理论课的学习抱有消极心态，这种消极的学习心态严重影响着思想政治理论课教学效果。如果思想政治理论课教学效果得不到保障，那么不仅思想政治理论课的价值在一定程度上会打折扣，而且思想政治教育的价值也会打折扣。改革开放以来，党和国家十分重视思想政治理论课改革和建设，不断丰富和完善内容，不断探索研究方法，可是为什么思想政治理论课的吸引力还是不够呢？以往的研究多从思想政治理论课教授过程的各要素中寻找原因，如从思想政治理论课的教学内容上寻找原因，认为教学内容落后于教学形式的发展，不能有效地解决大学生普遍关注的现实问题。然而，根据现实要求，思想政治理论课中开设了形势与政策课，课程内容虽然紧跟时代，但是同样对大学生不具有强大的吸引力。大学生在思想政治理论课上的学习效果也会受他们态度（如他们对学习的态度、对思想政治理论课的认知态度）的影响。因此，除了从思想政治理论课的教学内容、教学手段、教学方法、师资队伍等方面寻找原因，还应从其他角度（如大学生的态度）寻找原因，这样可以拓宽我们的研究思路，从不同视角为增强思想政治理论课实效寻求路径。

基于以上三点，著者认为，只有增强思想政治理论课实效，才能巩固大学生思想政治教育的主渠道地位。而要增强思想政治理论课实效，需要了解大学生对思想政治理论课的认知态度和价值期许，以及大学生在接受思想政治理论课教育过程中有怎样的心理准备状态（即心理定势）和这些定势是怎样形成的，进而根据大学生对思想政治理论课的心理定势，采取有针对性的教学对策。

第二节　研究现状

一、关于心理定势理论及其运用的相关研究

定势理论是由苏联心理学家乌兹纳泽等提出的。这种理论认为，人的任何一种活动都不是凭空开始的，而是在活动开始以前就对该活动做了准备，每种活动都具有一定的方向性，这种活动的方向性都是在这种准备（即定势）的基础上产生的。心理定势理论主要探讨的问题有两个：一是解释人如何受到自身

需要和外界环境的影响；二是研究人对某种自身需要和外界环境作出何种反应。研究心理定势理论的目的是揭示人的社会心理和社会行为发生的表面规律，进而预测人在某种社会环境中有怎样的行为方式。以乌兹纳泽为首的心理学派认为，人的一切行为、一切心理活动都是定势的机能。从人的触觉、听觉到思维、意识，无不受到定势的影响，而定势又影响着人的认知和行为倾向。这种定势理论曾受到学术界的关注，20世纪50年代，在苏联学术界引起了激烈的争论。可以说，定势理论成熟于苏联，并最终在苏联建立了较为完备的心理定势理论。定势理论为我们今天研究人的认知心理奠定了重要的基石。

我国对心理定势理论的研究成果甚少，研究力量较为薄弱。有学者重点论述了定势的心理准备性特点：心理定势使人在面对外界刺激时，作出有选择的反应，使人的心理活动带有某种方向性，定势习惯地、潜在性地影响人的心理活动，对人的心理活动起着驱动作用，还使人伴随着某种情绪。对定势的心理准备性特点的论述，使得定势的特点和定势对人的认知、行为倾向的影响更加明确地呈现出来。

虽然心理定势理论在我国多个领域均有提及，但是这些领域对心理定势理论运用的研究多是从心理定势类现象着手，论述心理定势类现象在具体教育教学中对受教育者产生的影响。这些研究成果对心理定势理论的理解和研究不够深入，缺乏系统性。石海田认为，文学接受过程与读者的阅读心理有密切关系，读者的生活经历和体验、审美趣味、阅读经验、某种特定情绪、价值观念、政治信仰等都可能使读者形成某种心理定势，进而影响阅读活动。袁翔华认为，教师的个性、情感，以及教师的文化水平、教学理念和倾向等构成教师的某种心理定势，在很大程度上影响着教学效果的好坏，所以在教学中不能忽视教师的心理定势。李晓峰认为，辅导员受传统封建等级观念影响形成的权威心理、受经验教条主义影响形成的循规心理、受社会上各种不良人际关系和名利观念影响形成的庸俗心理，构成了辅导员的消极心理定势，影响辅导员开展学生工作。余磊认为，由于生活习惯、性情品质形成的习惯性心理，以及由于人的经验、知识、文化素养形成的综合性心理，在具体的学生管理工作中不能采取一刀切的管理方式。从以上研究中可以看出，心理定势普遍存在，对人的认知和行为倾向影响重大，因此研究人的心理定势意义重大。20世纪90年代以来，我国有学者将这一概念迁移到思想政治教育中。从已有的研究成果中可以看出，心理定势在思想政治教育领域虽有提及，但成果不多。通过中国知网检索，关于心理定势和思想政治教育相关的文献屈指可数，国外对心理定势的研究也多限于心理学学科。

二、关于大学生对思想政治理论课的认知态度与期待的相关研究

中共中央宣传部、教育部下发的《关于进一步加强和改进高等学校思想政治理论课的意见》（教社政〔2005〕5号）明确指出，高等学校思想政治理论课承担着对大学生进行系统的马克思主义理论教育的任务，立足于帮助大学生树立正确的世界观、人生观和价值观。而马克思主义是我们立党立国的根本指导思想，是全党全国人民团结奋斗的共同思想基础，它把思想政治理论课的重要性提升到一个新的高度。高校思想政治理论课作为大学生思想政治教育的主渠道，在思想政治教育中发挥着主导性作用。因此，高校思想政治理论课是大学生思想政治教育较为直接的反映，高校思想政治理论课的实效体现着大学生思想政治教育的实效。大学生如何认识思想政治理论课的地位、作用，以及他们对待思想政治理论课的态度如何，他们期待的思想政治理论课又是什么样的，在一定程度上影响着思想政治理论课的教学效果。徐俊和方章东根据大学生对思想政治理论课教育教学的整体功能、教育内容、教学方式、学习方式、课外实践等方面的认知情况进行了实证研究，得出的结论是大学生总体上认同思想政治理论课教育，基本认可教师的教学方法，但对自身群体思想道德素质方面有所不满，一些大学生对思想政治理论课的学习态度不够端正、不够重视。该研究结论反映了大学生对思想政治理论课的认知现实，比较符合思想政治理论课的教育现状。

大学生对思想政治理论课有什么样的期待，即大学生希望从思想政治理论课教学中收获什么？提高思想政治理论课教学效果亟须把握的问题有哪些？对于这两个问题，上官苗苗和王立仁认为，在思想政治理论课教学中清楚和了解学生的需要（即学生对思想政治理论课教学的期待）非常重要，学生的需要在思想政治理论课教学中处于核心地位，因为教育的指向最终是人。此外，大学生的需要是思想政治理论课教学内容的有机组成部分，对大学生需要的满足程度制约着教育实效。以上论述更加明确了研究大学生对思想政治理论课期待的重大意义和现实需要。雷志成认为，思想政治理论课契合大学生的内在需求。该研究从马克思主义理论的科学性、真理性与大学生求知求真需求之间的一致性，马克思主义为大多数人谋利益的价值立场和人自由全面发展的价值目标与大学生的价值需求之间的一致性，以及马克思主义被大学生认同和接受等方

面，论述了思想政治理论课和大学生内在需求之间的关联性。该研究认为，目前思想政治理论课与大学生的内在需求存在着一定的距离，如功利化的物质需求与理想化的思想政治理论课教学之间的距离，多元化的精神需求与政治化的思想政治理论课教学之间的距离，大学生的生活化、大众化需求与思想政治理论课形式化、教条化的教学之间的距离，等等。该研究还从宏观角度论述了思想政治理论课与大学生内在需求之间的关联，为本书所述提供了宏观的研究视野，同时为本书所述从具体微观角度研究大学生对思想政治理论课的需求和期待留下了空间。

以上是关于大学生对思想政治理论课的认知、情感态度和心理需求等方面的研究成果。从数量上看，与思想政治理论课的其他研究（如思想政治理论课的实效性研究、教学方法研究、教学内容研究等）成果相去甚远。而且关于大学生对思想政治理论课的认知、情感态度和心理需求等方面的研究多出现在近几年，说明该领域在研究之前并未得到多数人的关注，走入人们的视野也只是近几年的事。从研究内容上看，无论是大学生对思想政治理论课的消极态度还是不认同态度，或是大学生对思想政治理论课的需求，反映的多是大家有目共睹的表象，缺乏深层次的系统研究。但是如果没有针对大学生对思想政治理论课的认知、情感态度和心理需求的研究，那么很难制定有针对性的教学举措。由此可见，对思想政治理论课教学中大学生的认知、情感态度和心理需求的研究应该得到重视。

三、关于影响大学生对思想政治理论课的认知态度与期待的相关研究

朱秋和李淑丽认为，大学生对思想政治理论课的认同度影响着教学效果，而影响大学生对思想政治理论课认同度的因素主要有：大学生自身对思想政治理论课性质了解不深，忽视思想政治理论课的价值；思想政治理论课教学的课堂规模庞大，不利于师生深层次的交流与沟通；评估方式机械化；教师教育理念偏重知识传授；等等。从已有的研究成果中可以看出，影响大学生思想政治理论课认知态度与期待的因素有多个方面。在这些研究成果中，研究者侧重研究的是大学生对思想政治理论课认同度的影响因素，而认同是在认知基础上的情感升华，因此，不能将认同和认知完全等同。这样看来，关于大学生对思想政治理论课认知态度与期待的影响因素的研究成果相对较少，而深刻把握大学

生对思想政治理论课认知态度与期待的影响因素，是提高思想政治理论课教学效果的重要方面。

四、关于调适大学生对思想政治理论课认知态度的相关研究

通过查阅学术界关于大学生对思想政治理论课认知态度的相关文献，可以了解个别大学生对思想政治理论课抱有消极态度。如何调适大学生对思想政治理论课的消极态度，对提高思想政治理论课的教学效果具有重要意义。

著者从已有研究中提炼出以下几个主要方面的建议和对策：从领导层面看，提高思想政治理论课的教学效果首先需要引起党政领导的重视，党政领导真正重视了思想政治理论课建设，高校师生自然也会重视，重视是提高思想政治理论课教学效果的前提；从教师层面看，讲授思想政治理论课的教师要不断提高自身素质，既要提高思想道德素质，又要提高专业素质，教师是思想政治理论课的引导者，思想政治理论课的教学效果在很大程度上取决于教师的作用，他们不仅要改进教学方法，而且要把握大学生的心理特点和行为特点，因势利导；同时，高校要积极营造良好的校园文化氛围，组织大学生参加社会实践活动等。这些建议和对策不仅为如何提高思想政治理论课的教学效果给出了解决的思路和途径，也为思想政治理论课改革指明了方向。但是通过对这些研究的深入探讨发现，这些建议和对策依然有些笼统，在具体操作时所起的作用与我们的期待有较大出入。此外，在如何提高思想政治理论课教学效果的对策和建议中，有关大学生层面的建议和对策较少，因此，如何从提高大学生对思想政治理论课的期待和需求入手来提高思想政治理论课的教学效果，是我们应研究的重要内容。

党的十九大报告指出："中国特色社会主义进入新时代，我国社会主要矛盾已经转化为人民日益增长的美好生活需要和不平衡不充分的发展之间的矛盾。"这种美好是对质的追求，反映出大学生对高质量教学水平的期待与渴望。随着国民素质的提高及社会文明的发展，人们对美好生活的向往升级到对高质量、高品位的追求，渴望高质量的生活、教育、精神享受。对于思想政治理论课，我们要不断探索如何打造满足大学生需求的高品质课堂教学，让大学生有获得感和满足感。

第三节　研究内容及重难点

本书所述研究以解析大学生对思想政治理论课的心理定势为基础，以把握大学生对思想政治理论课的心理定势现实为核心，以分析大学生对思想政治理论课的心理定势成因为重点，以制定针对大学生心理定势成因的思想政治理论教育教学对策为归宿，以提高思想政治理论课教学效果为终极目标。具体研究内容及重难点如下。

一、研究内容

1. 大学生思想政治理论课心理定势内涵解析

本书所述研究的核心概念是大学生思想政治理论课心理定势，它既是研究展开的前提，也是研究进行的基础，因而必须交代清楚。由此可见，既要明确何谓心理定势，又要交代何谓大学生思想政治理论课心理定势，还要探讨大学生思想政治理论课心理定势在思想政治理论课教学中的影响。心理定势属于心理学的概念，把它迁移到思想政治教育学科，需要作出更加深入的解释。

2. 大学生思想政治理论课心理定势研究

大学生对思想政治理论课的认知态度和价值预期，就是大学生思想政治理论课的定势心理状态。大学生对思想政治理论课有怎样的认知、对思想政治理论课抱有怎样的态度、对思想政治理论课有怎样的价值预期，这些是本书所述研究的核心内容。这些内容不仅影响着大学生在思想政治理论课学习中的行为，也影响着思想政治理论课的实际教学效果，所以有必要花费大量精力研究这部分内容。

3. 大学生思想政治理论课心理定势成因研究

对大学生思想政治理论课心理定势的研究属于问题的判断范畴，而解决问题不仅需要对问题进行判断，还需要对问题进行归因，只有清楚问题的成因，才能对症下药、增强实效。因而，本书深入研究了大学生对思想政治理论课在认知态度和价值预期方面形成的原因，其中包括有哪些具体因素会影响大学生对思想政治理论课的认知态度和价值预期，这既是为大学生思想政治理论课心理定势进行客观归因，也是为思想政治理论课教学的针对性、实效性寻找机缘。

4. 大学生思想政治理论课心理定势有针对性的教育对策研究

本书所述研究虽然认识到大学生思想政治理论课心理定势及其成因的价值，但根本意蕴在于根据这些心理定势和成因，采取有针对性的教育对策。本书所述研究将针对大学生对思想政治理论课的认知和成因，以及对思想政治理论课的价值预期及成因，制定相应的教育对策，以增强思想政治理论课实效。需要说明的是，思想政治理论课实效并不完全决定于大学生心理定势，还取决于很多其他因素，因而在其他方面也要加强研究。

总的来说，通过上述内容实现的研究目标是在明确大学生思想政治理论课心理定势内涵的基础上，把握大学生思想政治理论课的心理定势，分析大学生思想政治理论课心理定势的具体影响因素和成因，制定针对心理定势及其成因的思想政治理论课教育对策。如果把研究进行分层，那么第一层是把握大学生对思想政治理论课有怎样的心理定势，第二层是大学生思想政治理论课心理定势的成因，第三层是根据大学生思想政治理论课心理定势及其成因而采取的有针对性的教育对策。

二、研究重点

1. 大学生思想政治理论课心理定势

大学生思想政治理论课心理定势既是本书所述研究的基本问题，也是核心问题，即研究大学生对思想政治理论课有怎样的心理定势，进而根据该心理定势采取有针对性的教育对策。如果没有针对基本核心问题进行研究或者基本核心问题研究得不清楚，那么该研究就失去了价值。

2. 大学生思想政治理论课心理定势的成因

大学生思想政治理论课心理定势的研究告诉我们大学生有怎样的心理定势，而研究的目的不仅是了解大学生有怎样的心理定势，更是要根据这些心理定势采取有针对性的教育对策，其中关键的一环是清楚心理定势产生的原因，这样才能使制定的教育对策更有针对性。因此，对大学生思想政治理论课心理定势成因的分析也是本书所述研究的重点。

3. 针对大学生思想政治理论课心理定势及其成因采取的教育对策

研究缘起于问题的存在和解决，把握定势，分析成因，虽然有其独立的价值，但根本目的是为制定教育对策提供依据。因此，研究如何根据大学生思想政治理论课心理定势及其成因采取有针对性的教育对策，同样是本书所述研究的重点。

三、研究难点

1. 对大学生心理定势及其成因的把握

要想对大学生心理定势及其成因有一定的把握，就要弄清楚大学生对思想政治理论课有着怎样的心理定势，这些心理定势是如何产生的，以及受哪些因素影响。这既是一系列复杂的问题，也是一系列难以把握的问题，需要做艰苦细致深入的研究。

2. 针对大学生心理定势及其成因采取的教育对策的制定

针对大学生心理定势及其成因采取有针对性的教育对策，既涉及教育理念和教育内容的转变，也涉及教学艺术的把握，这并不是轻而易举就能实现的，它同样需要艰苦努力的探索，才能实现教学目标。

第四节 研究方法

一、文献研究法

任何研究都是建立在前人研究基础之上的，对已有相关文献进行梳理与分析，既能发现现有研究中存在的可进一步完善和丰富的成果，也能找到提升本书所述研究的空间，为本书所述研究的开展厘清思路。

二、调查法

采用问卷调查和个别访谈跟踪等方式调查多所高校的学生与思想政治理论课教师，收集真实有效的资料，以期把握大学生对思想政治理论课的态度和期许，客观真实地反映新时代大学生对思想政治理论有着怎样的心理定势，以及教师对大学生学习的了解与思想的洞察。研究大学生的心理定势，必然会涉及大学生以往所受教育的影响，这种调查也会延伸到中学的思想政治品德教育(如课堂教学、日常教育管理等)，即研究大学生产生的这些心理定势受哪些因素影响，这些影响因素之间有怎样的联系。

三、观察法

人的认知和想法并不是完全对等的，虽然调查法能使研究获得较为丰富的真实资料，但毕竟只是人的认知上的反馈，具体行动如何（如教师授课内容安排是否科学、教学方法是否得当、学生课堂表现如何等）还要通过实地观察。对师生的言行举止进行具体分析，才能够相对客观、真实地把握思想政治理论课的具体状况，并进一步增强研究的现实性和针对性。

四、系统分析法

用系统科学的理论和观点，把大学生放在思想政治教育整个系统的形式中，从整体和全局出发，从思想政治教育整个系统与思想政治教育要素、要素与要素及系统与环境的对立统一关系中，对大学生的心理定势进行考察、分析和研究，以期寻求最优化的处理方法与解决问题的对策。

第五节　研究意义

一、理论意义

对新时代大学生思想政治理论课心理定势的研究，实际上就是研究大学生如何认识思想政治理论课，以及对思想政治理论课有什么期待和需求，这是思想政治理论课教学论的内容构成。思想政治理论课教学论要求在具体教育教学过程中，必须把握受教育者的心理。对大学生思想政治理论课心理定势的研究将丰富思想政治理论课教学论。

对大学生思想政治理论课心理定势的研究将从心理层面展开，这是大学生思想认识的有机构成。对大学生思想政治理论课心理定势的研究属于对大学生进行研究，大学生的思想、行为、心理等是研究的重要内容，这将丰富和完善大学生思想政治教育对象理论，进而可以丰富和完善思想政治教育对象理论。

本书分别从大学生对思想政治理论课的心理定势、心理定势的成因，以及针对大学生对思想政治理论课的心理定势及其成因采取的举措展开研究，其目的是提高思想政治理论课的针对性和实效性，这将丰富和完善大学生思想政治教育理论乃至思想政治教育理论。

二、实践意义

对大学生思想政治理论课心理定势的研究，是对大学生思想政治教育研究的有机构成，这在实践中能够帮助教师客观认识、把握、理解大学生，是有效进行思想政治教育的前提。

对大学生思想政治理论课心理定势的研究，可以为改进高校思想政治理论课的教学内容和教学方法提供有益的参考，可以提高大学生思想政治理论课的针对性，进而提高思想政治理论课的实效性。

对大学生思想政治理论课心理定势的研究，可以为日常的思想政治教育提供参考，进而提高大学生日常思想政治教育的针对性和实效性。不仅如此，其研究成果可以推广到整个思想政治教育领域，有助于提高整个社会思想政治教育的实际效果。

第六节　创新尝试

本书的创新之处主要体现在两个方面。一是从心理维度展开研究，尽可能系统全面地把握大学生思想政治理论课的心理定势。心理定势作为一种准备状态，包括认知态度与期待多个方面。在以前的研究成果中，对于大学生对思想政治理论课的认知、态度和期待方面都有研究，尤其是对认知和态度方面的研究成果较多，但对期待方面的研究成果不多见，而且以前的研究成果多是从单方面进行的，缺少综合研究的角度。本书试图系统全面地对大学生思想政治理论课的心理定势展开研究。二是结合心理学理论展开研究。对大学生思想政治理论课心理定势的研究主要研究的是大学生的心理定势，心理定势本就属于心理学概念，因此需要涉及多个方面的心理学知识。思想政治教育学本就是一个跨学科的领域，以前的研究成果中运用心理学知识来研究大学生学习思想政治理论课的状况数见不鲜，但研究深度和广度不够。因此，本书试图拓展心理学和思想政治理论课教学的研究深度和广度。

第二章　新时代大学生思想政治理论课心理定势的内涵解析

要对大学生思想政治理论课的心理定势展开研究，必须明确以下三点：首先，需明确大学生这个群体具有哪些特点，大学生有着怎样的心理、思想和行为特点；其次，思想政治理论课是怎样的一类课程，为什么能引起著者的重视，进而研究大学生对它的心理定势；最后，定势作为人的一种思维心理状态是如何产生的，在心理学上是如何呈现的，对大学生思想政治理论课学习有什么影响。明确这些问题是展开进一步研究的基础。

第一节　新时代的含义

党的十九大报告明确指出："经过长期努力，中国特色社会主义进入了新时代，这是我国发展新的历史方位。""中国特色社会主义进入新时代，在中华人民共和国发展史上、中华民族发展史上具有重大意义，在世界社会主义发展史上、人类社会发展史上也具有重大意义。"[①]党的十八大以来，中国特色社会主义进入了新时代，虽然同改革开放40余年的发展一脉相承，但是有很多不同。当今世界正经历百年变局，我国正处于实现中华民族伟大复兴的关键时期，我国社会主要矛盾已经转化为人民日益增长的美好生活需要和不平衡不充分的发展之间的矛盾。党和国家事业发展从指导思想、理念思路、方针政策、体制机制、根本保证到社会主要矛盾、社会环境、外部条件等各方面都发生了巨大变化，发展水平、发展要求更高，呈现出新的时代特征。

① 习近平. 决胜全面建成小康社会　夺取新时代中国特色社会主义伟大胜利：在中国共产党第十九次全国代表大会上的报告（2017年10月18日）[EB/OL].（2017-10-27）[2024-06-08]. https://www.gov.cn/zhuanti/2017-10/27/content_5234876.htm.

习近平总书记强调，这个新时代是中国特色社会主义新时代，而不是别的什么新时代。这个新时代，既同改革开放以来的发展历程一脉相承，又体现了很多与时俱进的新特征，内涵丰富、意蕴深远。这说明，新时代党和国家发展的指导思想一以贯之，发展道路没有改变，坚持的人民立场没有改变，社会主义初级阶段的基本国情没有改变，中国是世界上最大发展中国家的国际地位没有改变，党的基本路线没有改变，以经济建设为中心的发展思路没有改变，坚持改革开放的决心没有改变。

这个新时代，是承前启后、继往开来、在新的历史条件下继续夺取中国特色社会主义伟大胜利的时代。中国共产党带领人民成功开创、发展了中国特色社会主义道路，创造了一个个举世瞩目的中国奇迹。在新时代，我们党治国理政第一位的任务，就是紧紧围绕坚持和发展中国特色社会主义这个主题，适应中国特色社会主义发展的新要求，接力探索，接续奋斗，让社会主义在中国展现出更加强大的生命力。这说明，虽然处在新时代，但是中国特色社会主义道路不变，中国特色社会主义事业要继续向前发展，中国共产党将继续带领全国各族人民坚持中国特色社会主义道路，开创中国特色社会主义事业，继续创造新的辉煌。

这个新时代，是决胜全面建成小康社会，进而全面建成社会主义现代化强国的时代。党的二十大报告指出："我们经过接续奋斗，实现了小康这个中华民族的千年梦想，我国发展站在了更高历史起点上。我们坚持精准扶贫、尽锐出战，打赢了人类历史上规模最大的脱贫攻坚战，全国八百三十二个贫困县全部摘帽，近一亿农村贫困人口实现脱贫，九百六十多万贫困人口实现易地搬迁，历史性地解决了绝对贫困问题，为全球减贫事业作出了重大贡献。"①党的二十大报告还郑重发出号召："从现在起，中国共产党的中心任务就是团结带领全国各族人民全面建成社会主义现代化强国、实现第二个百年奋斗目标，以中国式现代化全面推进中华民族伟大复兴。"②党的二十大报告还提出："全面建成社会主义现代化强国，总的战略安排是分两步走：从二〇二〇年到二〇三五年基本实现社会主义现代化；从二〇三五年到本世纪中叶把我国建成富强民主文明和谐美丽的社会主义现代化强国。"③

①②③ 习近平．高举中国特色社会主义伟大旗帜 为全面建设社会主义现代化国家而团结奋斗：在中国共产党第二十次全国代表大会上的报告（2022年10月16日）[EB/OL].（2022-10-25）[2024-06-08]. https://www.gov.cn/xinwen/2022-10/25/content_5721685.htm.

这个新时代，是全体中华儿女勠力同心、奋力实现中华民族伟大复兴中国梦的时代。这个新时代，是全面建设社会主义现代化国家的时代，必须充分发挥亿万人民的伟力。实现中华民族伟大复兴，全面建设社会主义现代化国家，是中国共产党的历史使命。新中国的成立，为民族复兴奠定了坚实基础。改革开放新的伟大革命，为民族复兴注入了强大生机活力。在新时代，凝聚起全体中华儿女同心共筑中国梦的磅礴力量，牢记使命、奋发有为、砥砺前行，为实现中华民族伟大复兴齐奋发、共尽力。

这个新时代，是我国日益走近世界舞台中央、不断为人类作出更大贡献的时代。中国始终坚持维护世界和平、促进共同发展的外交政策宗旨，致力于推动构建人类命运共同体。中国人民历来把自己的前途命运同各国人民的前途命运紧密联系在一起，中国共产党始终把为人类作出新的、更大的贡献作为自己的使命。在新时代，我国与世界的关系发生深刻变化，同国际社会的互联互动空前紧密，成为促进世界和平与发展的强大力量。我们所处的新时代，既是一个充满挑战的时代，也是一个充满希望的时代。当中国对世界的影响越来越大时，我们更有责任和使命呼吁世界各国弘扬和平、发展、公平、正义、民主、自由的全人类共同价值，促进各国人民相知相亲，尊重世界文明多样性，以文明交流超越文明隔阂、文明互鉴超越文明冲突、文明共存超越文明优越，共同应对各种全球性挑战。

以上分析让我们清晰地看出，在新时代，我国取得了伟大的成就，为我国继续走好中国特色社会主义道路积蓄了力量，但是我国所处的国际和国内形势发生了深刻变化，严峻复杂的国际形势和接踵而至的巨大风险使我国意识形态领域存在不少挑战。目前，个别人依然面临着拜金主义、享乐主义和极端个人主义等错误思潮，以及网络舆论乱象丛生的思想干扰，严重影响了人们的思想和社会舆论环境。处于新时代的大学生，其身心发展必然深受时代的影响。思想政治理论课作为教育引导大学生适应时代发展趋势、感应时代发展脉搏、推动时代发展活力的主渠道，应紧密结合时代发展，深入新时代中国特色社会主义实践，让思想政治理论课带有时代温度和发展速度，以解答大学生的发展之迷茫、思想之困惑和成长之思索。

第二节　大学生的特点

对大学生思想政治理论课心理定势的研究，虽然研究的是大学生对思政理论课的心理认知与期待构成的某些定势心理，但是追根溯源研究的是大学生。思想政治教育的研究内容告诉我们，研究人的思想品德的形成规律和发展规律，说到底是研究人，但是研究人不像研究自然科学那样可以概括出相似或相同的规律，人是一个极其复杂的物种，人的思想更为复杂。研究人不能用单纯的理论进行抽象研究，必须将人置于一定的环境和历史背景中加以研究，这就需要考虑人的成长环境、文化背景及其长期形成的历史经验，因此不可能脱离环境来研究人。大学生对党和国家而言是建设者和接班人，是国家的未来、民族的希望。我国高等教育已从精英教育阶段步入大众教育阶段，教育部2023年12月发布的数据显示，目前我国高等教育在校生（含研究生、普通本科、职业本专科）约达4025万人。大学生毕业后步入社会，其思想和言行往往影响着他们这一代人及他们身边的其他人。高校思想政治工作从表面上看是在做大学生的思想政治教育工作，但实际上影响的是一代青年人的思想观念、价值取向和精神风貌。大学生要以身作则，不断提升自己的政治素养、道德魅力，进而感化身边的人，然后这些被感化的人又可以继续感化他们身边的人。思想道德价值的感染力就像水中的涟漪，从中心向四周扩散，最后达到边沿，实现天下大治。“修身、齐家、治国、平天下”就是这样的逻辑理路。因此，高校必须引导大学生铸就理想信念、掌握丰富知识、锤炼高尚品格。习近平总书记强调，对当代高校学生，党和人民充分信任、寄予厚望。本书所述研究也是基于此背景，从高校思想政治教育主渠道中的思想政治理论课教学入手，以大学生对思想政治理论课的心理认知为切入点，试图为提高思想政治理论课教学效果寻求新的研究视角。著者以为，要研究大学生对思想政治理论课的心理认知，首要的是明确大学生有什么样的特点，包括他们的心理特点、思想特点和行为特点等。

一、大学生的心理特点

我国大学生绝大多数处于青年期，年龄段为18—25岁，一般来说，这个年龄段的人心理发展水平处于逐步走向成熟却未真正完全成熟的状态。因此，大学生的心理具有特定时期的特点，具体如下。

一是自我意识逐渐趋于成熟与稳定，独立性与依赖性并存。自我意识是指一个人对自身及与身边世界关系的一种认识。绝大多数大学生都是集体生活在大学校园里的，这与他们以前的家庭生活环境形成了鲜明的对比，生活环境发生了变化。大学生不再是生活在父母的呵护下，而是开始了自己独立自主的生活。进入大学后，他们的成人感、独立感骤然增强，自我意识进一步发展。随着自我意识的不断发展与完善，他们逐渐把目光由以前的关注外部世界慢慢转向关注自己的内心世界，同时开始注重自己的内心感受与体验。他们想更多地了解自己的情感和心理，也更加关心别人对自己的评价，更加希望得到他人的尊重与理解。同时，与以往的生活环境相比，大学校园赋予个人更多的独立与自由空间；然而，大学生毕竟没有真正完全独立于社会，在物质方面依然依赖于家庭的支持，思想情感上也无法完全独立。我国传统的家庭文化习惯于给孩子以周全而细致的照料，加之新时代大学生多是独生子女，学生时代专注学习，生活上的事一般由家长包办，导致一些大学生的生活自理能力较差。由于在人际交往中缺乏经验，大学生之间容易产生矛盾与隔阂，轻则影响心情，重则影响学习和心理健康。大学生的自我意识虽然在不断向成熟与完善的阶段发展，但毕竟未完全成熟，因此，一些大学生容易在心理上出现一些偏差。如果这些大学生不能正确认识自己，一旦遭遇挫折，极易产生自卑感。通过思想政治理论课引导，尤其是针对大一新生开设的“思想道德与法治”课程，能够帮助大学生树立正确的世界观、人生观和价值观，正确认识个人与社会的关系，对于大学生调适自我意义重大。

二是优越感与自卑感并存。随着我国高等教育的飞速发展，高等教育已由精英教育转向大众教育，但大学生仍被视为天之骄子。一些大学生在中学时代学习较好或担任学生干部，老师器重、同学羡慕、家长呵护、亲友赞扬，他们争强好胜、一路领先。当他们走进大学后，却发现山外有山、楼外有楼，新的环境、新的集体，人才济济，强手如林。当同龄人中的佼佼者聚集在一起时，表现出“强中自有强中手”，当然也会出现相对而言的“落后者”。那些原本优秀的“落后者”便会从众星捧月的优越感坠落到无人问津的自卑感当中。另外，在大学期间，学习成绩不再是评价大学生的唯一标准，这使得一部分仅在学习上占据优势的大学生产生了自卑心理。

三是智力能力与识别能力相互矛盾。“智力测验表明，个体的智力水平随着年龄的增长而提高，发展到20岁左右时停止。因此，青年中期，即大学时期，智力已经发展到了最佳水平。大学生思维敏捷、接受能力强，通过专业训练、系统学习，抽象思维能力得到充分的发展，分析问题、解决问题的能力增强。”①但是，随着大学生自我意识的增强，会出现按照自己的需求与爱好吸取知识的现象。互联网技术的迅猛发展，使得目前信息获取的渠道极为广泛，大学生在多渠道信息交流中容易受不良信息的消极影响。他们对外界充满强烈的好奇心和求知欲，无论是对社会领域还是对自然环境领域，都怀有极大的好奇心和求知欲，想去了解和探求究竟。随着大学生的实践经验和知识得到进一步的丰富与完善，他们的抽象思维能力也得到了很大提高，并在他们的整个思维活动中处于主导地位。他们开始喜欢思考，乐于对各种事物加以比较、分析。但是他们的生活阅历依然有限，辩证逻辑思维基础尚不深厚，缺乏相应的社会经验，识别能力还不是很强，较成年人而言，他们的辨别能力相对较低。因此，他们在具体观察和分析事物时，不可避免地会出现一些偏差，或过于主观、片面，或过于自信、失之偏颇。有时，他们可能会难以区分哪些是积极的事物、哪些是消极的事物，甚至会接受一些错误的事物。新时代大学生所处的时代，是一个国内外局势复杂、社会剧烈变化、各种思想混杂的特定时代，大学生既想深入了解社会和参与社会活动，又容易被复杂的现实所迷惑、蒙蔽。一些反动势力利用大学生的心理特点，将黑手伸向了高校，容易使大学生迷失方向、误入歧途。思想政治理论课作为帮助大学生树立正确的世界观、人生观和价值观的课程，如何发挥引导作用是其面临的重大课题。因此，在思想政治理论课教学中，需要从大学生思想实际和认识心理的规律出发，努力研究大学生认识的心理过程，以科学的理论体系为导向，解答大学生普遍关心的问题，努力化解大学生的困惑和迷惘，纠正大学生认识上的偏差，进而帮助大学生形成正确的思想政治道德观念，以形成正确的认知。

四是情绪和情感不稳定。大学生十分注重自我情感体验，喜欢独立、追求个性，他们自尊、自爱、自信，其中大多数善恶分明、正义感强。此外，大学

① 耿步健. 大学生心理学［M］. 南京：东南大学出版社，2005：9.

生精力充沛、血气方刚，具有勇往直前的气魄。但个别大学生有时会盲目蛮干，尤其是在感受到挑衅和敌意时，容易情绪失控，呈现出冲动性特点。大学生的这种心理特点应引起重视。处于青年时期的大学生，可能会因为一点儿小事而生气，甚至发怒。他们振奋时非常热情，消沉时灰心丧气，情绪容易摇摆，自我体验复杂，难以冷静地控制自己的情绪。在高校思想政治理论课中，对大学生来讲，遇到的往往不是认知障碍，而是情感或情绪障碍，甚至出现认知接受而情绪抵制的现象。因此，大学生心理健康教育和健全人格培养在现行高速发展的社会里极其重要。

五是自尊心强但心理承受能力不强。新时代大学生所处的时代，虽然局势复杂，但大局稳定，社会安定和谐，他们从小生活在物质富裕、家庭幸福的环境中，很少经历挫折的磨炼，所以部分大学生缺乏抗挫能力，意志力不够坚定，但自尊心又较强。随着时代的发展，“00后”比“70后”“80后”“90后”等几代人在物质和精神上都更富有，他们很少经受物质匮乏、人世间的坎坷、人与人之间的磕绊，一旦遭遇意外或者变故，他们在心理上可能承受不了压力和挑战，甚至会丧失对生活的信心。一些大学生在处理关键问题时，往往表现出盲从、冲动、草率或迟疑不决的心理状态。例如，当学习遇到困难、人际交往出现障碍、竞争遭受失败、恋爱受到挫折时，一些大学生会茫然失措、无所适从，从而产生失落感和困惑感。新时代大学生所处的社会环境安定和谐，他们虽然在理论上能够深刻领会吃苦耐劳的精神和坚持不懈的毅力，但是在现实生活中缺少体验，以至于他们在真正面对压力时感情比较脆弱。例如，当他们考试成绩不理想、犯错误受到批评、与同学关系紧张时，往往会出现心理上难以承受、不愿面对的情况。从本书所述研究的调查结果中可知，个别大学生在遭遇挫折时，最先想到的是如何采取退缩、假饰、否认等自我防御机制来处理。由此看来，思想政治理论课引导大学生树立正确的世界观、人生观和价值观任重而道远。

二、大学生的思想特点

《中国大学生思想政治教育发展报告2020》显示，当前大学生以积极的思想观念和进取的行为特征彰显出健康向上的思想政治状况。大学生群体具有崇高的人生理想、正确的价值选择、良好的道德品质和坚定的文化自信，以正确的思想观念和积极的行为表现彰显出担当民族复兴大任的时代新人的青春风采。然而，调查结果也发现，大学生在人生态度和人生价值方面存在一些突出问题（如大学生对人生价值的认识不够明晰、大学生的集体意识有待进一步提高等），大学生对未来人生发展的消极心态仍然存在，大学生受各种消极人生观的影响不容小觑。①

大学生对党和国家高度认同，对党和国家的未来充满信心。绝大多数大学生衷心拥护中国共产党的领导，坚决拥护我国实行的社会主义制度，充分肯定党和政府的工作，高度认同以习近平同志为核心的党中央治国理政新理念新思想新战略。在肖爱民和于应华②关于“我们最大的优势是我国社会主义制度能够集中力量办大事。这是我们成就事业的重要法宝”的调查中，选择“认同”的受访学生占69.24%，选择“比较认同”的受访学生占25.77%，二者累加达95.01%，占绝大多数。

大学生追求积极向上的人生价值，普遍具有较高的道德素质和社会责任感。多数大学生拥有积极向上的人生态度，他们追求学业有成，渴望事业成功，为实现自己的人生理想和价值不断努力奋斗。大学生普遍具有较高的人文道德素质，他们遵守社会规则，有着较好的品行。他们希望做一个对社会有用的人，愿意承担社会赋予的责任。但是大学生不是生活在真空里，而是生活在现实社会里，他们在思想上难免会受到社会大环境的影响，一些不良的社会风气会侵染个别大学生，导致这些大学生出现诚信缺失的不良现象（如考试作弊、学历造假等），这一问题已引起社会的普遍关注。

一些大学生对重大问题缺乏深层次思考，政治觉悟有待提高。新时代大学生大多能客观公正地看待社会事件，富有正义感和责任心。但他们在思想上不是很成熟，看问题往往具有一定的片面性和简单化。他们政治热情高，但往往从个人和实用的角度看待重大社会问题和政治问题。他们关注国内外大事和社会发展，却对改革开放中的现实问题存在较多困惑，没能认识和理解贫富悬殊、地域差异等方面存在的客观原因，没能以一种发展的眼光看待改革中出现的问题；对社会发展的期望值过高，对改革开放的艰巨性、长期性和复杂性分析得不够全面。他们的政治参与意识强烈，但有时言行过激、表达方式不妥，政治理论素养有待进一步改进和提高。

一些大学生的价值取向多元功利化。新时代大学生常以效益观念看待事

① 沈壮海，刘晓亮，司文超，等. 中国大学生思想政治教育发展报告2020［M］. 北京：北京师范大学出版社，2022：20-57.

② 肖爱民，于应华. 新时代青年大学生爱国主义状况调查报告［J］. 改革与开放，2020（23）：69.

物，用经济规则参与社会事物，用价值尺度衡量效果，表现出多元功利、实用实惠倾向，以及自我、短期化的价值判断与选择标准。在价值取向上，讲究市场规则和实用主义，讲求效益与公平，在一些重要关系处理上，显得比较狭隘和理想化：过分强调权利与义务的统一、奉献与索取并重，兼顾个人和集体，主张物质利益和精神满足相结合。一些大学生认为任何付出都应是有偿的，认为有付出必然有回报；在价值目标上，注重实现个人价值的最大化，对社会价值顾及不够或考虑较少。部分大学生过分强调自我，没能把自身的发展与社会的进步和社会责任有机结合；在价值实现方式上，注重个人奋斗，虽然提倡团队合作，但是未从社会和国家的角度思考问题。个别大学生看重实效和利益，过分追求个人利益最大化，对社会应尽的义务重视不够。

一些大学生思想观念开阔，但受中国传统思想的影响仍然较深。大学生追求自由平等，崇尚民主法治、公平公正，积极主动，勇于创新，大胆追求自己的合理利益。他们注重培养自身能力和提高自身综合素质，同时个人主体意识不断增强。虽然大学生与世界接轨，但是中国传统文化对他们的影响依然是根深蒂固的，与所有中华儿女一样，他们既继承着中华优秀传统文化的思想精华，又受到传统思想中部分消极因素的影响。

2014年5月4日，习近平总书记在北京大学师生座谈会上的讲话中强调，“青年的价值取向决定了未来整个社会的价值取向，而青年又处在价值观形成和确立的时期，抓好这一时期的价值观养成十分重要”①。因此，提高高校思想政治理论课教学质量，增强高校思想政治理论课教学效果，教育和引导大学生树立社会主义核心价值观尤为重要。

三、大学生的行为特点

大学生正处于人的特殊发展期，他们的心理特点和思想特点决定了行为特点。

一是行为与认知脱节。绝大多数大学生都有着较高的社会理想和个人理想，但是当现实与理想脱节时，一些大学生容易放弃已树立的理想。他们追求自由平等，但是当遇到具体问题时，又追求实惠至上。这些大学生在理想信念上表现的这种行为与认知脱节，容易造成他们心理上的落差，甚至导致思想颓

① 习近平．青年要自觉践行社会主义核心价值观：在北京大学师生座谈会上的讲话（2014年5月4日）［EB/OL］.（2014-05-05）［2024-06-08］. http://jhsjk.people.cn/article/24973220.

废。一些大学生对具体问题的分析较为深刻，也能深刻领悟道理，说起道理来头头是道，但实际行动起来是另外一种情形。当他们遇到困难和挫折时，可能控制不住自己的惰性，缺乏吃苦耐劳的精神。在校园里，可能会听到个别大学生一边哀叹生活太累、没意思，一边纵容自己逃课、玩乐；虽然他们的自我认知能力得到了提高，但自我调控的水平有待加强；他们希望得到他人的尊重，自己却不知道如何以礼待人。

二是道德行为落后于道德认知。大学生普遍具有较高的道德认知，无论是社会主义的公德，还是个人品质的私德，他们都明白社会所提倡的是什么、所摒弃的是什么。虽然一些大学生对社会上一些道德败坏的风气极其看不惯，但是当他们遇到类似的事情时，也会按照自己原先所鄙夷的做法去行事，这时他们会将自己的行为解释为迫不得已、形势所逼。虽然他们追求社会公平公正，推崇公开竞争，看不惯社会上的暗箱操作，但当他们是此类事件的受益者时，也会毫不犹豫地用这种方式处理。

三是个性化行为与模仿性行为并存。随着大学生自我意识的逐渐强化，突出自我、表现自我的意愿强烈，因此表现出个性化行为，如通过与众不同的行为举止引起他人的关注和目光。然而，大学生渴望得到认可、尊重的心理促使他们在行为表现上具有趋同性，他们不想被孤立，不想成为鹤立鸡群的个体，渴望得到群体的接纳和认可，所以在具体行为上一般通过学习、模仿群体中具有权威的人或多数人认可的行为举止来拉近与群体的距离。

四是理性行为与非理性行为并存。大学生是整个青年群体中文化素养较高的一个特殊群体，他们经过十几年的科学文化教育和熏染，在具体行为实施过程中，能够根据已学的价值评判标准来权衡自己的行为，表现出理性的一面。同时，青年固有的心理特点使他们有时无法控制自己的非理性行为。大学生的非理性行为既反映了有些大学生的不成熟心智，也反映了有些大学生易被外界干扰而形成歪曲的价值观念，这应引起教师注意，并给予这些大学生适时的教育和引导。

五是执着性行为与多变性行为并存。“不见棺材不落泪”“不到黄河心不死”等常用来形容人的执着与执拗。有些大学生找准目标后，执着坚守自己的目标，克服重重困难，最终取得了人生的辉煌。也有些大学生随着自我意识的发展，慢慢产生自我认同，愿意按照自己的意志行事，对于别人的意见很难真正接受和采纳，直到碰壁后，才想起调整自己的行为。“三分钟热度，四分钟冷漠”常用来形容一个人缺乏毅力，做什么都坚持不下去，这种现象也存在于大学生身上。一些大学生找准一个奋斗目标后，却很难坚持下去，如今天觉得应该锻炼身体，办张健身卡，没去几次，健身卡却过期了；明天想参加司法考试，书买回来，没翻几页便看不下去。他们大学四年立过很多奋斗目标，终因无法坚持而夭折。

大学生特殊的年龄段决定了他们在心理、思想和行为方面呈现出不同于成年人的特点，我们要结合大学生自身的特点，对大学生进行正确的世界观、人生观和价值观引导，加强社会主义核心价值观教育，增强大学生的价值认同与精神共鸣，进一步地提升大学生思想政治教育工作质量，切实培养大学生的社会责任感、创新精神和实践能力。

第三节　思想政治理论课的特点

思想政治理论课教育教学不同于专业课程教学，它有自身的特点。思想政治理论课教育承担着为国家培养合格人才的立德树人重大使命，具有政治性和理论性较强、教育内容不断丰富与完善、学分和学时多、学生多元化等特点。

一、以立德树人为宗旨

思想政治理论课是我国高校学生通识课教育的重要组成部分，是高校传播中国共产党的指导思想和执政理念的有效途径，也是培养大学生树立正确的世界观、人生观和价值观的主渠道。2004年8月，中共中央、国务院发出的《关于进一步加强和改进大学生思想政治教育的意见》指出，高等学校思想政治理论课是对大学生进行思想政治教育的主渠道。思想政治理论课是立德树人的核心灵魂，是社会主义大学的本质，也是全体教育工作者的神圣使命。“思想政治理论课，是中国共产党在高校开展思想政治工作的历史传统和独特优势，是社会主义高等教育的重要特征，它承担着对全体在校大学生开展系统的马克思主义理论教育的重要任务，是高校思想政治工作的主渠道，同时也是提升大学生思想政治素质，实现‘四个正确认识’的主渠道。”[①]高校思想政治工作是

① 李忠军. 高校思想政治理论课教学应以实现“四个正确认识”为根本目标［J］. 思想理论教育导刊，2017（2）：14.

党和国家思想政治工作的重要一端和前沿阵地，承担着学习、研究、宣扬马克思主义，为中国特色社会主义事业培养合格建设者和可靠接班人的重大任务，而马克思主义理论学科的生命力和价值所在就是培养中国特色社会主义事业的合格建设者和可靠接班人。

在2016年12月7日至8日召开的全国高校思想政治工作会议上，习近平总书记发表了重要讲话。他强调，高校思想政治工作关系高校培养什么人、如何培养人以及为谁培养人这个根本问题；要坚持把立德树人作为中心环节，把思想政治工作贯穿教育教学全过程，实现全程育人、全方位育人。中央宣传部和教育部印发的《普通高校思想政治理论课建设体系创新计划》中指出，“思想政治理论课是巩固马克思主义在高校意识形态领域指导地位，坚持社会主义办学方向的重要阵地，是全面贯彻落实党的教育方针，培养中国特色社会主义事业合格建设者和可靠接班人，落实立德树人根本任务的主干渠道，是进行社会主义核心价值观教育、帮助大学生树立正确世界观人生观价值观的核心课程。办好思想政治理论课，事关意识形态工作大局，事关中国特色社会主义事业后继有人，事关实现中华民族伟大复兴的中国梦，必须始终摆在突出位置，持之以恒、常抓不懈”。在国家意识形态教育过程中，高校思想政治理论课发挥着至关重要的作用，具体体现在理论武装、政治引领、思想教育和道德修养等方面，对大学生形成正确的世界观、人生观和价值观发挥着特殊的重要作用。

思想政治理论课承担着对大学生进行马克思主义理论教育的重任，是帮助大学生树立正确的世界观、人生观和价值观的重要途径，是培养大学生牢固树立中国特色社会主义共同理想、开拓大学生国际视野的重要载体。2019年3月18日，习近平总书记主持召开学校思想政治理论课教师座谈会，他强调，思政课是落实立德树人根本任务的关键课程；思政课作用不可替代，思政课教师队伍责任重大。[①]思想政治理论课教育教学的状况如何，不仅关系到大学生成长的政治方向，而且关系到中国特色社会主义事业的建设者和接班人的培养质量。大学生政治方向的树立、科学政治观点的形成，都必须依托思想政治理论课来保证。高校开设的思想政治理论课，既体现了社会主义大学的本质特征，也是中国特色高等教育的现实表现。高校思想政治理论课是加强和改进大学生思想政治教育，引导和帮助大学生树立正确的世界观、人生观和价值观的重要

① 习近平. 思政课是落实立德树人根本任务的关键课程［EB/OL］.（2020-08-31）［2024-06-08］. http://jhsjk.people.cn/article/31843368.

举措。思想政治理论课教学对日常思想政治教育具有正向显著影响，思想政治理论课教学开展得越好，日常思想政治教育也相应开展得越好。[①]因此，思想政治理论课是事关国家意识形态教育、社会主义建设者和接班人的培养、大学生自身健康成长的课程，承担着巨大的历史使命。

二、政治性强

思想政治理论课体现的是社会性质和国家意识形态要求，因此它的设置和变更都是十分严肃的。我国高校思想政治理论课的教育内容体现着无产阶级和广大人民群众的意志，反映的是马克思主义意识形态要求，这些都是我国国家意志的体现。高校思想政治理论课是我国高等院校每名学生必须修学的一类课程，这类课程不是由某所高校或某一地区教育行政单位自行设置的，而是由国家统一设置的，所有课程都要遵循国家统一标准，由国家制定统一的思想政治理论课教学大纲，使用国家统编的指导性教材。

我国高校思想政治理论课程体系自改革开放以来，基本经过了三个阶段的历史演化，分别是“85方案”“98方案”“05方案”，见表2-1。

表2-1　三次方案设置的具体课程

“85方案”	“98方案”	“05方案”
马克思主义原理	马克思主义哲学原理、马克思主义政治经济学原理	马克思主义基本原理（“马克思主义基本原理概论”课程、“马克思主义基本原理”课程）
中国革命史	毛泽东思想概论	毛泽东思想、邓小平理论和“三个代表”重要思想概论（“毛泽东思想和中国特色社会主义理论体系概论”课程、“习近平新时代中国特色社会主义思想概论”课程）
中国社会主义建设	邓小平理论概论	

① 沈壮海，段立国. 思想政治理论课的主渠道作用及其发挥：基于2014年度大学生思想政治教育状况调查数据的分析［J］. 中国高等教育，2015（10）：19.

表2-1（续）

“85方案”	“98方案”	“05方案”
世界政治经济与国际关系	新时代世界经济与政治	中国近现代史纲要
大学生思想修养、人生哲理、职业道德	思想道德修养	思想道德修养与法律基础（“思想道德修养与法治”课程、“思想道德与法治”课程）
法律基础	法律基础	

思想政治理论课的历史演化是根据社会发展需要作出的适时调整，体现了高校思想政治理论课与时俱进的教学本质。1978年4月，全国教育工作会议征求意见稿中提出：高校开设的马列主义理论四门课程为“辩证唯物主义和历史唯物主义”“政治经济学”“中国共产党党史”“国际共产主义运动史”。1984年，教育部提出共产主义思想品德教育是高校学生思想政治教育的重要组成部分，思想政治理论课形成了以高校马克思主义理论教育和思想教育并举的基本架构。1985年，中共中央发出了《关于改革学校思想品德和政治理论课程教学的通知》，对高校马克思主义理论课程设置提出了重要改革要求。1987年，国家教委发文，就高校马克思主义理论课程和思想教育课程设置作出部署，“85方案”具体课程正式确立。1995年，国家教委印发了《关于高校马克思主义理论课和思想品德课教学改革的若干意见》，首次以“两课”称谓高校马克思主义理论课和思想品德课，并提出“两课”教学及其改革的主要任务就是要进一步加强马克思列宁主义、毛泽东思想，特别是邓小平同志建设有中国特色社会主义理论的教育。1997年，党的十五大把邓小平理论与马克思列宁主义、毛泽东思想一起确立为党的指导思想，教育部决定对“两课”课程设置作出新的调整。1998年，报请党中央研究同意的“两课”课程设置正式实施，“98方案”随即确立。2002年，党的十六大召开后，一系列新的理论探索被提出，尤其是科学发展观理论体系的提出，推动了高校思想政治理论课的新一轮改革。2004年，以胡锦涛同志为总书记的党中央对加强和改进大学生思想政治教育作出了重要批示，对高校思想政治教育和思想政治理论课的改革提出了新的要求；中共中央、国务院发出的《关于进一步加强和改进大学生思想政治教育的意见》，对高校思想政治理论课程建设和改革作出了重大决策。2005年2月，中共中央宣传部、教育部下发了《关于进一步加强和改进高等学校思想政治理论课的意见》，正式提出新的高等学校思想政治理论课的课程设置，

“05方案”随即形成。

在“05方案”的基础上，思想政治理论课体系建设又经历了不同程度的调整。2021年，中共中央宣传部、教育部印发了《新时代学校思想政治理论课改革创新实施方案》，该方案强调了大学阶段思想政治理论课的目标定位重在增强学生的使命担当，重点引导学生系统掌握马克思主义基本原理和马克思主义中国化理论成果，了解党史、新中国史、改革开放史、社会主义发展史，认识世情、国情、党情，深刻领会习近平新时代中国特色社会主义思想，培养运用马克思主义立场观点方法分析和解决问题的能力。该方案确定了高校开设的思想政治理论课程为“马克思主义基本原理”“毛泽东思想和中国特色社会主义理论体系概论”“中国近现代史纲要”“思想道德与法治”“形势与政策”。此外，该方案还要求在全国重点马克思主义学院率先全面开设“习近平新时代中国特色社会主义思想概论”课程，学分按照有关要求执行。随着习近平新时代中国特色社会主义思想的不断丰富，目前全国各高校已普遍开设了“习近平新时代中国特色社会主义思想概论”必修课程，让大学生深入学习其思想的博大精深和智慧光芒。

马克思主义作为我国立党立国的根本之道，是全国人民团结奋斗的共同思想基础，高校马克思主义理论教学始终是巩固马克思主义在高校指导地位的基本途径。党和国家始终高度重视马克思主义理论学科建设。从高校思想政治理论课程设置方案到具体课程开设的历史发展演化中可以看出，高校思想政治理论课程始终是在党的领导下，结合党的工作部署和社会发展要求，以马克思主义基本原理为主线，将马克思主义与中国实际相结合，以运用马克思主义立场、观点和方法认识客观世界和改造主观世界为主题来设置的，始终遵循着一个意识，即确立思想政治理论课是大学生思想政治教育主渠道和主阵地的意义，这既是以往高校思想政治理论课改革的重要思想基础，也始终是思想政治理论课改革的指导思想。

三、理论性强

思想政治理论课，顾名思义，是一种以理论教育为主的课程。理论是指系统的理性认知，是在长期实践中抽象出来的又被实践所证明的系统化、理性化的认知，是对事物规律性的认知与把握。例如，马克思列宁主义、毛泽东思想、邓小平理论、“三个代表”重要思想、科学发展观、习近平新时代中国特色社会主义思想等，都是系统化的理论，而思想政治理论课的主要教学内容就是传递这些理论的认知和价值观念，因此，思想政治理论课具有较强的理论性。“理论性是思想政治理论课的灵魂……没有理论性的思想政治理论是盲目的、危险的。”[①]从每门具体的思想政治理论课的教学要求中可以看出，“马克思主义基本原理”课程主要是向大学生讲授马克思主义的世界观和方法论，目的是引导和帮助大学生从整体上掌握马克思主义，以正确的观点看待人类社会发展的基本规律。“毛泽东思想和中国特色社会主义理论体系概论”“习近平新时代中国特色社会主义思想概论”课程主要向大学生讲授在中国共产党领导下，马克思主义基本原理在中国现实社会发展过程中的运用与发展历程，使大学生系统掌握毛泽东思想、邓小平理论、“三个代表”重要思想、科学发展观、习近平新时代中国特色社会主义思想等马克思主义中国化、时代化理论成果，坚定大学生在中国共产党领导下坚决走中国特色社会主义道路的理想信念。“中国近现代史纲要”课程主要向大学生讲授近代以来中国人民奋勇抵御外来侵略，积极争取民族独立，最终推翻反动统治、实现中国人民解放的历史。通过对中国近现代史的学习，大学生系统地领会了国史、国情，明白了马克思主义为什么成为中国人民的最终选择，为什么中国人民选择了中国共产党，以及为什么我国要坚定不移地走社会主义道路。“思想道德与法治”课程主要对大学生进行社会主义道德和法治教育，目的是提高大学生的思想道德素养，增强大学生的社会主义法治观念，帮助大学生解决在成长成才过程中遇到的各种现实问题。“形势与政策”课程主要针对大学生关注的国内外重大事件、热点问题进行解析，帮助大学生了解国内外形势，看清大局，引导大学生深刻理解党的路线、方针、政策，坚决拥护中国共产党的领导，坚定不移地走中国特色社会主义道路。从思想政治理论课教育内容中可以看出，思想政治理论课教育就是以丰富的教育内容为载体，让大学生系统地把握事物的基本原理和发展规律（这些都具有较强的理论性），要求教育者在具体的教育教学过程中，以严谨的态度、严密的思维对客观问题进行理论讲解，并加以把握和提升。

四、教育内容不断丰富与完善

高校思想政治理论课教学内容传授的是一个国家、一个政党的核心价值观，反映的是国家意识形态。因此，思想政治理论课的教学内容会随着社会的

① 李学明. 论思想政治理论课的学术性与理论性［J］. 高教论坛，2011（9）：68.

发展而变化，随着国家战略政策的调整而不断丰富与完善，同时将最新的科学理论添加到思想政治理论教育内容中，进而走进思想政治理论课堂里。例如，“05方案”确立后的思想政治理论课教材，根据党和国家的要求不断丰富和完善，教学内容更新较快。尤其是近些年，关于思想政治理论课教材的修订，有2009年修订版、2010年修订版、2013年修订版、2015年修订版、2018年修订版、2021年修订版和2023年修订版，从这些可以看出思想政治理论课教材建设的与时俱进。此外，对未能及时编入教材的重大科学理论，会在思想政治理论课教学过程中直接融入相应的课程教学内容中。例如，党的二十大召开后，教育部根据中央统一部署提出明确要求，各地各高校要及时组建优秀教师讲师团、大学生骨干宣讲团，依托“一站式”学生社区、思政课教学、主题党团日等渠道，广泛开展全覆盖学习宣讲活动。思想政治理论课教育教学内容的不断丰富与完善，为思想政治理论课教学效果的提高提供了保障。

五、学分和学时多，学生多元化

思想政治理论课从大学新生入校的第一学期开始设置，直到大学三年级。可以说，思想政治理论课是我国大学生在通识课程中学习课程最多、学习内容最广、学习任务最重的一类课程。而且思想政治理论课教育教学所面对的是所有高校的所有学生，他们生源地域不同、文化背景不同、学科专业各异，使得教学对象多元化、复杂化。这些情况对思想政治理论课教育教学安排和教学进度都提出了挑战，甚至在同一个授课班级，都可能聚集着各类学生，因此，思想政治理论课教师根据学生个体差异进行具有针对性的教学可能存在很大困难。由于众口难调，无法满足每名学生的需要，教师只能根据学生的大致情况对教学内容的难易程度进行调整。思想政治理论课的学分和学时多，参加学习的学生不仅人数众多，而且具有多样化，这使得思想政治理论课教师的教学任务及学生的学习任务都较为繁重。

第四节 心理定势理论的梳理和界定

心理定势是一种心理准备状态，是指一个人先前的活动倾向对后继活动的影响。这种先前的活动倾向包括对事物和活动已有的知识积累、个性特征、认知态度及后期的心理期待，最终影响着后继的行为倾向，反映了人在心理活动支配下所作出的行为选择性。本节对心理定势理论的提出及发展加以梳理，进而界定本书提出的心理定势的概念。首因效应、晕轮效应、刻板印象、偏见和从众心理是人们常见的心理定势现象，影响着人们的认知与行为倾向。

一、定势理论的形成

人们在日常的学习、劳动、生活等各种活动中，会获取不同的知识经验，养成不同的行为习惯，形成各异的性格倾向。一个人的知识经验、行为习惯、性格倾向在其从事某项活动之前，构成了这个人的一种心理准备状态，这种心理准备状态被称为心理定势。

定势概念由德国心理学家缪勒和舒曼在1889年提出，后经苏联心理学家乌兹纳泽加以改造。

20世纪30年代，苏联心理学家乌兹纳泽及其学派全面研究了定势现象，最终形成了定势理论。定势理论是苏联心理学学派的一种基本理论。

二、定势发生的内在作用机制

心理学界有研究者提出，信息加工认知心理学中的图式理论可以用来解释定势发生的内在作用机制，即图式的激活与提取使人们产生了心理定势。

人的大脑作为一种信息加工系统，会对外界刺激进行不自觉的分类整合。也就是说，当人的大脑受到外界刺激时，人们倾向于把孤立的个体以成组分类的方式组织在一起。例如，当人们在十字路口看见一个身穿制服、手戴白手套、表情严肃的男人时，很容易将这个男人归为交通警察，之所以不把他归入税务人员、食品卫生检查员、特警、刑警等类，是因为人们的头脑中有一个原型在起作用。所谓原型，是指某一类或某一组当中的典型例子，它是由一组特殊属性形成的。因此，人们在对这个男人进行归类时，会将他和交通警察这一分类中的原型进行比较，然后对这个男人进行归类并编码。被编码的对象之间并不是彼此孤立的，而是通过各种方式联系在一起并共同建立的一个认知结构，这个认知结构便是心理学中的“图式”。图式是人脑中的知识单位，或进行认知活动时的认知结构。图式通常包括一个实体自身的各种属性，以及它与其他实体的关系。[①]图2-1为柯林斯和奎因提出的“鱼”概念图式。

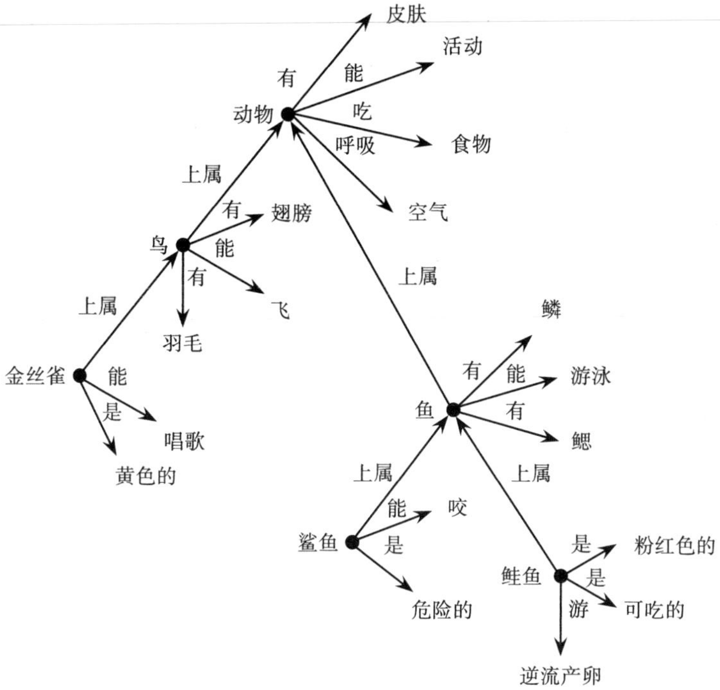

图2-1　“鱼”概念图式

并不是每个人关于鱼的图式都和图2-1呈现的信息一模一样。也就是说，每个人对“鱼”图式所包含的具体信息的认知有所不同，但不论具体内容如何不同，图式能帮助人们组织和记忆信息，从可直接获得的事实中进行推论，并且获得新的信息。[②]由此可见，人们对事物的认知是一个复杂的系统，图式是这个复杂系统的结构，影响着人们的思维认知和行为选择等。

一些信息加工心理学研究者认为，心理定势现象的发生是基于图式的激活与提取。信息加工心理学研究结果表明，人的大脑里存在一种快速的、启动式的基于图式的信息加工系统，这种既省力又快速的图式模式就是我们所说的心理定势，图式的激活与提取是人们心理定势的发生机制。

图式的激活依赖的三个条件是无结果依存性、无辩解与责任动机、有时间压力。结果依存性是指当个体的认知或行为结果依赖于外界反应时，个体就会多关注外界的刺激，很少使用图式。例如，如果个体的行为结果依赖于他人的反应，那么个体就会更多地关注他人行为。辩解与责任动机是指让人们更多地

①② 乐国安. 图式理论对社会心理学研究的影响［J］. 江西师范大学学报，2004，37（1）：20.

关注客观系统数据，而不是依据人们的图式行事，这里需要一个至关重要的条件——行事者的辩解责任。例如，一个你讨厌的人很聪明，你可能会根据已有的图式得出结论：讨厌的人都很聪明。但是当你需要组建团队来完成一项十分重要的任务时，你可能会根据这个人的实际表现来决定是否同意他加入你的团队，而不是根据你的图式得出的结论来决定他是否可以加入。时间压力是指有时间压力时，人们所获得的外界刺激与他们已有的图式相吻合，人们在作出判断时，会倾向于采用他们的图式，即人们在有时间压力的情况下，要作出判断或决定时，会倾向于使用图式。

图式一旦被激活，就面临着提取哪个或哪些图式的问题，这就需要人们搞清楚哪些因素会影响图式的提取。信息加工心理学认为，信息的自身特点、突出性、首因效应、启动效应、个体差异和目标取向都是影响图式提取的因素。信息本身决定了图式的选择和提取。例如，人们在作出判断时，不可能接收到所有信息，人们只会注意那些自己认为有意义的信息或信息块，这些信息或信息块部分来自人们的经验或期待。信息的突出特点影响人们选择和提取不同的图式来解释信息。例如，一个团队中只有一名女性M，人们便会经常将她的行为与女性特征相联系，如M希望在团队里能有一名新成员帮助她，则会让其他人认为M具有多数女性所具有的依赖性；但如果团队成员中男女比例相当，那么M希望找一名新成员帮助的行为会被理解为M有心让新成员有归属感。在这两种情况下，信息的突出性分别表现在"M是女性"和"一名新成员"上。最先接收到的信息往往对人们的影响最大，甚至影响着以后的信息接收，即受首因效应的影响。一个图式被使用，影响着随后新信息的接收，这种现象就是启动效应。启动效应反映了人类认知活动的内隐性，人们过去的经历以意识不到的方式影响着人们现在的思想、行为和情感。每个人对相同信息的刺激呈现出的解释不一定相同，这是因为每个人的认知、经历、能力都不相同，都有自己相应的图式，因此对信息刺激的反应也形成了个体差异性。人们的目的不同，决定了提取的图式也不同。图式不是被动地反映外界刺激，而是外界刺激会被人的大脑加工成更加抽象的认知结构。人们根据不同的目的取向，提取不同的图式，如人们对哪些信息感兴趣、希望记住哪些信息，其大脑就会根据不同的目的对外界信息进行加工和组织。

定势现象的发生需要一定的条件，这个条件就是图式激活和提取的过程。定势现象的图式激活过程理论模型如图2-2所示。

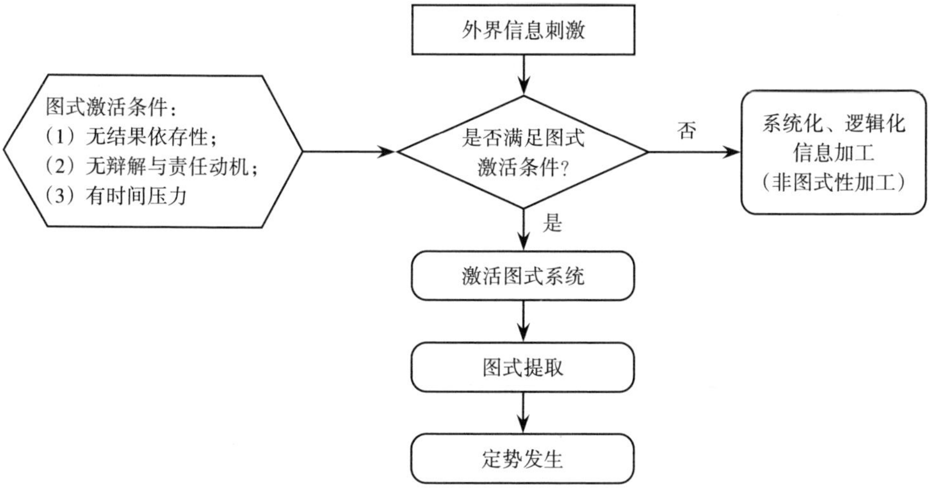

图2-2　定势现象的图式激活过程理论模型图

三、定势的特点

本书所述定势主要是指人的心理和思维所形成的定势。心理定势事实上是一种思维状态，是存在于人类头脑当中的某些认知框架。在具体的心理和思维活动过程中，定势具有以下特点。

一是定势的形式化。心理定势是一种纯“形式化”的存在。也就是说，心理定势是一种空洞无物的模型。在一般情况下，人们无法感知到或看到心理定势，只有当被思考的对象参与到某种情境之后，当实际的思维过程发生之后，心理定势才会显示出来。这也是人的心理定势很难被感知的原因，因为人们平时无法意识到它的存在，所以心理定势很容易被忽略。

二是定势的方向性。从心理定势的概念中可以看出，心理定势具有倾向性特点。这是由于定势具有较为明确的目标趋向，心理定势中的内外部表现都是指向一定目标的，因而具有方向性的特点。

三是定势的多样性和广泛性。个体在人类社会的生活维系中，不可能只有一种定势的作用，由于个体所处的情境、个体需要、目标取向不同，在其一生当中会形成各种各样的心理定势，这些心理定势会对一个人的认知、情感、态度、意志等多个方面产生影响。无论是个体还是社会，心理定势都以一种不可否认的形式存在，并且它对个人和社会的影响是广泛而深远的。

四是定势的强大惯性和固着性。心理定势的强大惯性主要表现在新定势的建立和旧定势的消亡。心理定势是人类社会长期形成的文化传统与个人特殊的生活经历共同积淀的结果，具有较大的惯性和固着性，一经形成，将很难改变，这是由于思维着的主体所持的实践目的、价值观念、知识储备等多种内在因素支撑着心理定势。法国生理学家贝尔纳说过，妨碍人们学习的最大障碍，并不是未知的东西，而是已知的东西。人们平时在筛选信息、思考问题、制定决策、解决问题时，总是不由自主地沿着以往自己熟悉的方向和路径进行思考，很少另辟蹊径，这些熟悉的方向和路径其实就是人们所具有的思维惯常定势。心理定势是经过长期的过程建立起来的，而且它一旦建立，就能够自然而然地影响甚至支配着人们随后的思维过程、心理态度、实践行为。心理定势的改变不是一朝一夕的事情，通常要伴随着巨大的痛苦。由此看出，心理定势具有很强的稳固性，甚至是顽固性。在人们长期的实践活动中，每个人都形成了自己特有的思维模式。在现实生活中，当人们面临具体事物时，便会不假思索地将这些具体事物归纳到特定的思维框架中，并顺着那些已形成的思维路径思考和处理问题，这就是思维惯常定势。就个体来说，一个人头脑中的思维定势主要来自社会环境，并且在这个环境中不断得到各种因素的强化。

在心理定势的多种特点中，对人们影响最大的是强大惯性的特点，这也是我们要重点运用于研究大学生思想政治理论课心理定势的一个重要特征。定势所具有的强大惯性和固着性对人们的认知和行为具有较大的影响。曾经有心理学家设计了一个抽取钞票思维游戏①。从这个游戏中可以得知，在生活中，人们不自觉地对钞票产生了一种尊崇的心理，不仅仅把它看成一张纸，因而从来不会想到把它撕破。回过头来看思想政治理论课，有没有可能是因为一些大学生一直把思想政治理论课看作一种理论说教课程，从来没有从个人发展的角度来看待思想政治理论课能够带来的价值，所以对思想政治理论课存有一定的偏见，也没有重视思想政治理论课的潜在价值。思想政治理论课不仅是国家进行意识形态宣传的载体，而且是引领大学生成长成才的载体。如果大学生能从自身发展的角度来看待思想政治理论课的价值功能，那么他们学习思想政治理论课的态度会有所改变。有心理学家曾经对100名高中生和100名学前儿童做过

① 抽取钞票思维游戏：桌子上摆着一张10美元钞票，钞票正中压着一把竖直放着没开刃的刀，菜刀上支撑着一个横过来的木杆，木杆两端系着两个类似平衡锤的东西，稍微晃动就会倒下来。要求游戏者在保持木杆平衡的前提下，把10美元钞票取出来。经过多次尝试，游戏者不管怎样小心翼翼不碰到木杆都不能取出钞票。其实，解决这个问题的一个简单办法是从刀刃压着的地方把钞票撕开，就可以轻而易举地取出钞票。然而，绝大部分游戏者都因想不到这个办法而一筹莫展。

一项测试：某个举重运动员有个弟弟，这个弟弟却没有哥哥，请高中生和学前儿童回答是怎么回事。非常出乎人们意料的是，这100名高中生的答题时间远远短于学前儿童，但是他们回答的错误率也超过了学前儿童。这种现象的合理解释是，在现实生活中，举重运动员大多数是男性，这种生活经验影响了高中生的思维判断；学前儿童相对于高中生而言，这种生活经验较少，因而学前儿童在心理和思维上几乎不会受到这种经验束缚。对比思想政治理论课，由于大学生在小学学习品德、社会、自然等课程，在中学学习思想品德、政治、历史等课程，小学时把这些课程当作课外知识，中学时把这些课程当作副课，如果他们受到以往种种经历的影响，那么到了大学，要想让他们把思想政治理论课当作一类重要的人生成长引导课，就会存在一定的难度。

四、定势的心理学表征

通过上文对定势概念、定势发生的内在作用机制及定势特点的介绍，可以了解到定势是由于受先前经验的影响，在心理作出了某种准备状态，这种准备状态饱含着一种心理预期，影响着后继的心理认知和行为倾向。因此，在人的具体认知和行为方式中，呈现出不同的心理定势类现象，也就是定势在心理学上的具体表征，如首因效应、晕轮效应、经验效应、移情效应、从众效应、偏见和刻板印象等。

1. 首因效应

首因效应也称第一印象效应，是指人们第一次接触某人或某事时，总会留下深刻印象，这种印象在人们的头脑中占据着主导地位的效应。首因效应在现实生活中最典型的运用事例就是人们对待面试的态度。一个人在对待面试时，总是非常重视，希望能给面试官留下深刻的印象，为随后的录取工作增添有利因素。这是利用了认知客体在人们头脑中最先输入的信息形成了第一印象，随后人们会对认知客体以后的认知产生较大的影响。第一印象在人的大脑认知过程中保持的时间最长，比以后获取的信息产生的作用都强。因此，在思想政治理论课教育教学过程中，教师应特别重视为大一新生开设的思想政治理论课，让大学生通过爱上第一堂课来开启他们大学期间的思想政治理论课之旅。

2. 晕轮效应

晕轮效应是指认知主体对客体的认知判断，首先是根据自己的喜好得出结论，然后根据这个结论去判断、推论出认知客体的其他特征。晕轮效应也是影响人们认知的一种因素，往往会形成以点概面、以偏概全的主观印象，因此又经常被称为光环效应、成见效应、光圈效应、以点概面效应。在日常生活中，晕轮效应常常是悄无声息的，却强有力地影响着人们对认知客体的知觉与评价。美国心理学家凯利曾做过一项实验：他找来一名研究生临时给甲、乙两个班级的学生代课，在课前分别向甲、乙两个班级的学生介绍了研究生的情况。在学生不知情的情况下，在甲班他对研究生的介绍词是热情、勤奋、务实、果断，在乙班他对研究生的介绍词是冷漠、勤奋、务实、果断。仅仅一词之差(热情和冷漠)，竟然影响到学生对代课研究生的印象。课后，甲班的学生积极主动向研究生靠近，与研究生亲密攀谈；乙班的学生对研究生敬而远之，冷淡回避。尽管学生面对的是同一名代课者，但因为先前头脑中对代课者的认知有差异，学生以自己头脑中的认知图式来观察代课者，导致课后学生差异较大的反应结果。

3. 经验效应

经验效应是指人们凭借以往的经验和体会对当前的认知客体进行认知、加以判断、制定决策、采取行动的一种心理活动方式。也就是说，人们在对认知客体进行认知时，往往会不自觉地根据已有的经验产生某种心理准备状态，并在这种心理准备状态下，对认知客体作出定势分析与判断。经验效应的产生基于认知主体的心理基础，这种心理基础就是认知主体认知的连续性和心理惯性。人的大脑总是基于当前的认知经验对外界刺激作出反应，不自觉地会把以往的经验、经历作为当前思考和行动的基础。经验效应有时可以使人们凭借先前的经验对事物进行推理和归类，从而快速作出反应并进行判断，但有时可能误导人们，使人们作出错误的判断。

4. 移情效应

移情效应的典型表现是爱屋及乌，心理学上把人们对某一人或事物的情感迁移到与该人或事物相关的其他人或事物上的现象称为移情效应。例如，在教学过程中，学生可能会把对教师的情感转移到学习上，因为喜欢某教师而喜欢上他讲授的课，或者因为不喜欢某教师而不喜欢他讲授的课；教师也可能把对学生的情感转移到课堂上，因为喜欢某个班级的学生而在课堂上激情饱满，或者因对某个班级的学生不满意而在课堂上表现得不那么有激情。这些都是日常生活中移情效应产生的影响。

5. 从众效应

从众即个人服从集体，少数人服从多数人，随大流，别人怎么想怎么做，个人也怎么想怎么做。从原始社会开始，人类就以群居的方式生存。要维持群体的稳定性，群体内的个体必然与群体保持某种程度的一致，这种一致表现在实践行为、感情、态度、思想和价值观等多个方面。但在现实生活中，人与人之间不可能完全一致，为了维持群体不破裂，要么群体服从某一权威，要么群体中的少数服从多数来维持群体的基本稳定。人类的从众心理使个人能够寻求到一种归属感和安全感，能够消除个人的孤单、恐惧等心理。随着人类社会的不断发展，人们已逐渐把从众定势作为行动指南。这尤其表现在，当一个人来到一个新的群体而感到手足无措时，他首先会按照从众原则调整自己，以适应新群体的新规矩。长此以往，便形成各民族、各地区、各团体之间的不同精神、风格和惯例，如不同民族的精神差异、不同地区的人群在个性和处世原则上的差异，乃至不同的校风、班风。

6. 偏见

偏见是人们以不正确或不充分的信息为根据而形成的对其他人或群体的片面甚至错误的预判。这种预判影响着人们的行动倾向。偏见无时不有、无处不在，所有人在某种程度上都持有偏见：可能是针对某个民族、国家、种族，或者是针对那些与自己价值取向不同的人，或者是针对生活在特定地域的人，或者是针对某种类型的食品。偏见影响着人们对某个事物的评价，人们通常对已知的信息深信不疑，并有寻求验证的倾向。若新信息与原有认知一致，则会强化原有认知；否则，新信息将被扭曲或忽略。思想政治理论课作为国家主流意识形态教育，具有较强的严肃性和理论性，一些大学生天然地失去了对思想政治理论课的亲切感，认为思想政治理论课是理论说教。带有这种偏见，他们在接受思想政治理论课教学时，自然不会投入太多精力。人们一旦对某个事物形成偏见，这样的偏见就会根深蒂固、难以改变，一般情况下，这种偏见会有不断增强的趋势。

从对偏见的认识中，我们不难发现偏见对人们日常生活已经构成方方面面的影响。研究偏见的最终目的是更好地控制偏见行为，减少偏见带来的负面影响。而减少偏见带来的负面影响，首先要测定人们所持有的偏见态度，然后根据各自不同的偏见态度预测可能的行为，并提前做好相关准备。本书对偏见的研究是找出大学生对思想政治理论课怀有哪些偏见，为什么会产生这些偏见，应该如何规避这些偏见。

7. 刻板印象

刻板印象是根据以往的经验和信息资料，对某类人或某一事物产生某种固定、概括、笼统的看法。它是一种认知过程，是人们简化世界的一种方法，即在某种程度上，大多数人都会这么做。思想政治理论课出于各种原因，在人们的意识里是一种说教课，因此，思想政治理论课教师也会被贴上“没有真才实学”的标签。思想政治理论课教师在一定程度上处在尴尬的边缘地带：一面是党和国家高度重视思想政治教育，学校积极响应党和国家号召，将高校思想政治工作安排在学校的重要工作位置；另一面是部分家长、大学生对思想政治工作的不屑，对思想政治理论课教师“另眼相看”。这导致思想政治理论课教师处于重视与不屑的尴尬地位之中。

从定势概念的提出到定势发生的内在作用机制、定势的特点，再到定势的心理学表征，可以得出以下结论：人们对于新事物的接受和学习总是受先前经验的影响，如何调适人们的消极定势、发挥积极定势，以便帮助人们更好地接受和学习新事物和新信息，则需要对人们产生的心理定势展开研究。借用定势理论相关知识，将其运用于大学生学习思想政治理论课教育活动中，以提高教学质量，增强学习效果，是本书介绍及借用上述理论的目的。

第五节　大学生思想政治理论课心理定势的内涵解析

要深刻了解大学生对思想政治理论课有怎样的心理定势，首先需要明确大学生思想政治理论课心理定势的概念。正确理解和把握大学生思想政治理论课心理定势的概念，是了解大学生对思想政治理论课有哪些心理定势，这些心理定势是如何产生的、有什么影响，以及如何应对这些心理定势等问题的前提。因此，本书在进行研究之前，有必要对与大学生思想政治理论课心理定势的概念相关的问题进行阐述，只有明确大学生思想政治理论课心理定势的概念，才能继续研究其他问题。

一、大学生思想政治理论课心理定势概念解析

大学生思想政治理论课心理定势是指大学生对思想政治理论课学习的一种心理准备状态，大学生受先前学习、生活及个人偏好等多种因素的影响，从而形成了对认识和接受当前思想政治理论课起着控制性影响的心理状态，即大学

生对思想政治理论课形成的某种定势心理。这种定势心理包括大学生对思想政治理论课的现实感知及未来期待两个方面，包括大学生对思想政治理论课是如何看待的，有怎样的情感态度，期待什么样的授课教师、教学方法、教学内容，期待自己的需求与疑惑得到满足，等等。研究大学生思想政治理论课心理定势，主要是研究大学生受以往学习的影响，对思想政治理论课产生了怎样的心理，这种心理对他们今后学习思想政治理论课是否产生影响，是积极影响还是消极影响，对积极影响如何保持，对消极影响如何规避，等等。具体表现为大学生在接受思想政治理论课过程中如何看待思想政治理论课，持有怎样的态度，有怎样的评价，大学生的这些看法、态度、评价对思想政治理论课的教学效果有哪些影响，如何通过大学生对思想政治理论课的看法、态度、评价来提高教学效果。除此之外，还要研究大学生对思想政治理论课抱有怎样的期待，期待通过思想政治理论课学习来满足自身发展的哪些需要。思想政治理论课教学如何满足大学生的这些期待是本书要重点展开研究的方面。

在以往的研究成果中，针对思想政治理论课实效性不强的问题，多是试图从思想政治理论课的教学内容、方法，以及教师素质、理论水平等方面寻求原因。著者认为，这些只是思想政治理论课教学效果不佳的部分原因。2016年，习近平总书记在全国高校思想政治工作会议上的讲话中指出，思想政治工作从根本上说是做人的工作，必须围绕学生、关照学生、服务学生，不断提高学生思想水平、政治觉悟、道德品质、文化素养，让学生成为德才兼备、全面发展的人才。本着以人为本、关照学生、服务学生的原则，本书将研究视角切换为大学生。大学生对思想政治理论课接受效果不佳，是不是受到现有的教学内容、师资队伍及现行的教学方法影响呢？如果是，可以深入探究为什么大学生会觉得现有的教学内容影响他们的接受效果，为什么现行的教学方法不能引起他们的学习热情，以及他们希望教师怎样讲授思想政治理论课呢。

纵观思想政治理论课教学发展历程，思想政治理论课教学内容越来越丰富和完善；教学方法和形式越来越多样；师资力量也越来越庞大，除了专职教师，辅导员、高校党政领导也加入到思想政治理论课的教师队伍当中，各级各类培训不断，教师科研成果不断丰富。思想政治理论课的各种投入越来越多，大学生对思想政治理论课的认同度和满意度也不断提高。随着社会的发展变化，思想政治理论课也面临着新的问题与挑战。为了让大学生更满意思想政治理论课，使教学效果更好，本书将大学生的心理定势作为切入口，希望能从此切入口找到提高大学生对思想政治理论课满意度和教学效果的途径。

二、大学生的心理定势对思想政治理论课的影响

心理定势的形成受先前知识和经验的影响。大学生正处于心理发展逐步走向成熟的阶段，对某种认知和看法容易形成定势，这种心理定势一旦形成，便较难改变。大学生固有的心理、思想、行为特点决定了他们对待事物的认知和看法，若没有良好的心理定势，则容易产生偏见，不能客观全面地看待问题、分析问题，这也是他们的阅历所致。大学生大多没有接触过社会，一直处于学校和家庭之间，遇事容易意气用事，看待问题片面、不深刻，这可能导致个别大学生在看待思想政治理论课时容易产生某种认知偏见。苏联社会心理学家包达列夫曾做过定势影响知觉实验①，通过实验结果可知，由于被试大学生看照片前受到不同信息的影响，对将要看到的照片上的人有了一定的心理准备和预期，因此得出了不同的结论。由此可知，定势对人们认知事物及行为选择产生了深刻影响。人的心理定势作为心理活动的一种准备状态，影响甚至决定着人的后继心理活动和行为。

心理定势影响大学生接受思想政治理论课的效果。雷蒙德·鲍尔在“顽固的受传者”理论中指出，在可以获得的大量（传播）内容中，受传者中的每名成员特别注意选择那些同他的兴趣有关、立场一致、信仰吻合，并且支持他的价值观念的信息。通过这种理论可知，由于接受主体价值观的作用，他们对客体信息会做取舍性选择，对符合自己认知能力的、契合自己需要的、与自己价值取向相一致的客体信息会选择接受，对不符合自己认知能力的、不契合自己需要的、与自己价值取向不一致的客体信息较难或不接受。②大学生由于个人经历、家庭环境、兴趣爱好、价值选择等差异，形成了不同的心理定势，所以他们对思想政治理论课的选择有着不同的反应。例如，有的大学生喜欢政治，有的喜欢军事，有的喜欢历史文化，有的喜欢哲学，等等，这些具体的现象可称为前心理活动，也就是人的心理定势。前期的这些偏好心理影响着大学生后

① 定势影响知觉实验：苏联社会心理学家包达列夫向两组大学生出示同一个人的同一张照片，在出示照片前，他告诉第一组大学生照片上的人是一个十恶不赦的罪犯，告诉第二组大学生照片上的人是个伟大的科学家。介绍完以后，他让这两组被试大学生用文字描述照片上这个人的相貌特征。第一组被试大学生的描述为：他深陷的双眼表明他内心的仇恨，突出的下巴表明他沿着犯罪的道路走到底的决心等。第二组被试大学生则描述为：他深陷的双眼表明他思想深邃，突出的下巴表明他在认知的道路上克服困难的坚强意志力等。

② 刘丽琼. 思想政治理论课教学接受论［M］. 北京：人民出版社，2009：14.

继在接受思想政治理论课教学时的态度和倾向，喜欢政治的大学生，在接受思想政治理论课教学时，可能会更容易被国内外政治事件、政治人物、社会民生等内容所吸引，因此会投入更多的精力和注意力，对类似这种教学课堂的满意度可能会更高，获得感可能会更强，对某一堂或某一门思想政治理论课的评价也可能会更高。有的大学生对思想政治理论课的教学内容比较感兴趣，但是不喜欢授课教师，受晕轮效应的影响，对思想政治理论课的教学内容也开始产生排斥心理，甚至对所有思想政治理论课教师和教学内容产生排斥；有的大学生会因为喜欢授课教师而喜欢上思想政治理论课，但当他们在现实社会中因某个社会事件本身所呈现的价值观与思想政治理论课上教师所讲的价值观产生矛盾时，他们会认为思想政治理论课上讲的内容与现实不符，导致他们否定思想政治理论课的价值，排斥或怀疑思想政治理论课的真理性，这些都是晕轮效应影响的结果。由于大学生的价值观不完全成熟，看待问题容易产生偏见，因此大学生的心理定势影响着其对思想政治理论课的选择反应。

中小学时期形成的定势心理影响着大学生对思想政治理论课的认知。中小学时期，政治、历史类课程被重视程度不及语文、数学、英语等课程的被重视程度，中小学生因此形成了更看重语文、数学、英语学习的心理认知。因此，心理定势一经形成，就会在人们的心理活动中占据一定的位置，不会轻易消失。只要心理定势存在，就会产生影响，并且固执地影响着人们的行为。①

心理定势影响着大学生对思想政治理论课形象的认知与行为倾向。思想政治理论教育自身存在理论性强、说教性强等特点，很容易给人造成一种严肃、说教的印象。由于这些特点，一些大学生理所当然地认为所有思想政治理论课都是枯燥的说教。一些大学生对思想政治理论课教师的印象往往是照本宣科；对思想政治理论课教学内容的印象往往是“假、大、空”；对思想政治理论课教学方法的印象往往是理论说教；对思想政治理论课课堂的印象是“黑压压的一片”（大合堂），教师在讲台上自讲自乐，大学生在下面各干各的。这些刻板印象的形成与思想政治理论课教学效果不佳有着不可分割的联系。这种刻板印象不消除，将严重影响思想政治理论课的教学效果。

心理定势容易让大学生对思想政治理论课产生从众心理。本书所述研究的调查结果显示，喜欢高校思想政治理论课的大学生，其身边喜欢思想政治理论课的朋友、同学比例较高；不喜欢思想政治理论课的大学生，其身边不喜欢思想政治理论课的朋友、同学比例也相对较高。这主要是受从众心理的影响。大

① 林文瑞. 论定势的心理准备性特点［J］. 福建教育学院学报，2002，3（1）：93.

学生具有自尊心、好胜心强的心理特点，不愿意让别人认为自己特立独行。例如，在思想政治理论课学习方面，一些大学生看其他同学不好好学习这门课程，上课不积极回答问题，课后不复习，自己也想从众、随大流。此时，即便他们想积极表现或对思想政治理论课教学内容感兴趣，也会因为从众而不好好学习了。

心理定势伴随着某种情绪影响着思想政治理论课教学中的师生双方。人的定势伴随着情绪和心境来制约人的心理和行为。[①]心理定势的客观存在伴随着某种情绪，影响着人的心理和行为。在思想政治理论课教学过程中，大学生可能会因为喜欢某教师而喜欢这门课；反之亦然，因不喜欢某教师而连带着不喜欢他讲授的课程。那么，思想政治理论课教师也会对大学生产生一定的心理定势，可能因为某个班的学生表现比较活跃，教师的讲课热情也被调动起来，这种情况下学生和教师的课堂体验都会较好。对待不同的学生，教师也会采取不同的教学选择。例如，给文科生和理科生分别讲授思想政治理论课时，教师的心理准备状态是不一样的，授课的目标和任务安排也不尽相同。对于文科生，教师可能讲授的更深入、更广泛；对于理科生，教师可能讲授的要浅显一些。这是教师对文理科学生产生的不同心理定势所作出的不同教学行为倾向。综上所述，学生和教师的心理定势都会不同程度地影响思想政治理论课的效果。

值得注意的是，心理定势是一种不可避免的心理活动状态，我们只能研究如何减少消极心理定势造成的不利影响，却不能完全消除或避免人们的心理定势。如何进行心理干预来强化有利于事物发展进步的积极心理定势，淡化影响事物发展进步的消极心理定势？在研究大学生对思想政治理论课的心理定势过程中，首先要摸清大学生有怎样的定势，然后分析定势产生的原因，最后根据心理学的相关理论知识对大学生的心理定势进行干预。

① 林文瑞. 论定势的心理准备性特点［J］. 福建教育学院学报，2002，3（1）：93.

第三章　研究过程及调查整体情况统计

本书所述采用了一种重要的研究方法——调查研究法，主要包括问卷调查和访谈调查，把大学生当作研究对象，以大学生对思想政治理论课的心理定势为切入点，试图通过研究，了解大学生对思想政治理论课有着怎样的准备状态，挖掘大学生对思想政治理论课的现实体验和想法。本书所述研究集中于大学生对思想政治理论课的认知态度和未来期待。之所以选择问卷调查和访谈调查的形式，主要是因为通过问卷和访谈能够从多方面深层次了解大学生对思想政治理论课的认知态度及对思想政治理论课有哪些期待，试图寻找影响大学生学习思想政治理论课的因素，为提高思想政治理论课教学效果提出具有针对性的建议与对策。

第一节　调查情况概述

本节主要介绍调查对象、问卷和访谈提纲的设计及调查过程。明确这些情况，才能顺利开展调查，保证调查结果具有真实性和针对性。

一、关于调查对象的说明

本书的研究对象是大学生。大学生包括全日制高校大学生和成人教育大学生，二者又分别包括本科生和专科生。本书所述研究主要是针对全日制高校大学生中的本科学生，暂不涉及大专学生。因为，据著者了解，本科生和大专学生在培养计划、教学计划及教学要求上有较大的区别，为了使研究建议与对策更具有针对性，本书的调查研究对象集中在全日制高校的本科生中。

二、调查问卷及访谈提纲设计

根据心理定势理论研究大学生对思想政治理论课的心理定势，不仅需要运用相关的心理学知识，而且对社会学知识的运用也必不可少。心理定势作为一种心理准备状态，包括对事物的认知与期待，而这种认知与期待受之前经历的影响。例如，之前接受思想政治类课程教育情况如何，知识掌握如何，大学生所生存的家庭环境、社会环境、学校环境（包括班级氛围）如何，都会对他们的认知产生影响。根据这些影响因素的客观实际，在调查问卷的设计中，应尽可能地考虑多方面深层次的影响因素。因此，本书所述研究的调查问卷主要分为六个部分。

第一部分，基本情况。这一部分共设置七道题，主要是调查性别、民族、学校、专业、年级、生源地、政治面貌不同的大学生对思想政治理论课的心理定势有哪些区别。

第二部分，中学时期影响。这一部分主要调查大学生在中学时期对政治、历史类课程的认知状况和学习情况是否会影响大学阶段对高校思想政治理论课的认知情况，从而产生某种定势认知。这一部分共设置了五道题，分别是学生对中学政治、历史类课程是否喜欢，对中学政治、历史类课程的评价，中学时期是如何学习的，中学时期的看法是否会影响他们对高校思想政治理论课的认知，中学时期的看法对高校思想政治理论课有哪些影响。

第三部分，家庭影响。这一部分从家庭方面进行探究，了解家庭背景是否会影响大学生对思想政治理论课的认知态度和期许。这一部分共设置了四道题，分别是父母的职业、父母的学历、父母日常生活的关注点，以及父母与孩子之间的沟通交流情况。人们常说父母是孩子的第一任老师，可见父母和家庭对孩子的影响不可忽视，如何挖掘家庭教育资源，也是想要探究的问题。

第四部分，文化背景。这一部分从文化背景入手，试图探寻文化背景是否会影响大学生对思想政治理论课的认知和接受态度，以及产生怎样的影响。这一部分共设置了九道题，试图了解大学生在班级的排名情况、课余生活情况，以及互联网对大学生的影响情况等九个方面。

第五部分，对理论课的固有认知。这一部分主要试图了解大学生对高校思想政治理论课的认知态度，它和第六部分都是本次问卷的重要部分。这一部分共设置了十四道题，从大学生对思想政治理论课整体上是如何看待的、是否满意，思想政治理论课对他们的学习生活是否产生影响、是否有帮助，在思想政治理论课教学内容、教学方法、师资队伍、教学外在环境等多个方面设置了问题。通过这些题目，能够较全面地了解到大学生眼中的思想政治理论课的整体状况。

第六部分，期待。这一部分了解大学生对思想政治理论课有没有期待，以及有着什么样的期待。只有满足大学生合理的期待，才能引起他们的学习兴趣，思想政治理论课的教学效果才具有现实意义。

以上是整个调查问卷的设计情况。对于调查问卷的设计，著者参考了多份调查问卷，还专门针对如何设计调查问卷问题仔细参阅了相关资料和图书，认真学习了调查问卷的结构设计、原则设计、步骤设计、问题及答案设计、问题的语言及提问方式、问题的数量与顺序等专业内容。在调查问卷设置完成后，又经过反复修改，尽量使调查问卷具有合理性和科学性。

本书的调查问卷主要采取封闭式问题。所谓封闭式问题，是指在提问的同时，给出若干答案，要求回答者根据实际情况进行选择。之所以采用封闭式问题，主要是因为本书问卷调查涉及的范围较广、规模较大，而封闭式问题方便填答，省时省力，资料还易于统计分析。当然，对于开放式问题来说，封闭式问题所获得的资料失去了自发性和表现力，回答中的一些偏见也不易被发现。为了弥补封闭式问题带来的局限性，著者还根据问卷拟定了访谈提纲，通过深度访谈，获得访谈者所思所想的真实资料。由于访谈需要回答者根据自己的情况自由回答，这对回答者的知识水平和文字表达能力有一定的要求，访谈所花费的时间和精力也较多，因此访谈对象的范围相对小很多、规模也小很多，著者大约对30人进行了访谈。

著者还进入思想政治理论课堂，对大学生听课学习情况进行了观察，对教师授课情况进行了一定程度的了解。为了进一步了解学生，著者跟听了“思想道德修养与法律基础”课程，这门课程是针对大一新生开设的，他们的认知与期待更具价值，可为随后几年即将开设的思想政治理论课程提供改进和完善的参考建议。对大学生思想政治理论课心理定势的研究属于对人的研究，所以不能用研究自然科学的“科学方法”来研究人，因为每个人都有一个属于自己的“世界”，脱离这个人的世界，抽象地谈论这个人，是行不通的。想要正确分析一个人，就必须理解他所处的文化和环境，而环境是指他所成长的环境、文化背景及历史经验。所以设计调查问卷时，要尽量做到全面。

调查问卷及访谈能帮助我们了解大学生对思想政治理论课的真实态度和想

法，以及大学生对思想政治理论课的需要。但是我们十分清楚，调查问卷及访谈提纲本身带有一定的主观性，从某种程度上说，存在某种暗示。对人的研究非常复杂，对人的思想与心理的研究更加复杂和困难，我们不能说通过调查研究一定能揭示真相、发现规律，但是调查研究能为我们提供相对客观的认识，既能为开展思想政治理论课教学和进行思想政治理论课程改革提供一些参考和借鉴，也能为提高思想政治理论课教学效果寻找一个新的角度。

三、调查过程

本次调查问卷是通过网上排版，生成微信模式，对参与答题的大学生没有限定。调查的学校主要集中在东北师范大学、吉林大学、北华大学、吉林医药学院、长春师范大学、吉林师范大学、山东大学、山东理工大学、哈尔滨理工大学、新疆大学、新疆师范大学、伊犁师范学院、石河子大学，其他学校也有所涉及，但规模较小。这主要与著者的现有条件有关，工作地为著者的调查研究提供了便利，著者就近利用身边资源进行调查，其他学校依靠著者的同学、朋友发放问卷。调查途径主要有两种：一种是通过著者在各高校走访，随机找到大学生，通过主动与他们搭讪，进而取得他们的信任，让他们帮忙参与答卷，再通过他们把问卷转发给他们身边其他大学生并完成答卷；另一种是通过著者的同学和朋友，将问卷转发至他们各自的学校，有些直接发给自己的授课学生，有些请求同事转发给不同专业的大学生。由于著者的同学、同事主要是从事思想政治教育工作和思想政治理论课教学的，所以接触到的大学生涉及各个专业。

第二节　调查结果统计

调查结果由问卷调查结果和访谈结果构成，在进行分析时，既要进行量化分析，又要进行质性分析。限于本书所述研究的时间及著者的精力，著者将量化分析作为本书的主要内容，将访谈结果的质性分析作为本书量化分析的有益补充。

一、问卷调查结果统计

由于本书的问卷采取的是网上问卷形式，因此答题对象较为随机。数据显示，本次问卷的访问量是1830次，参与答题人数为1020人，平均答题时间为8分8秒，答题率为56%。问卷设有单选题和多选题，其中各题都有自动设置，如果因不小心或不理解而将单选题做成多选题，系统会提示；如果出现不选或漏选情况，系统也会提示，即出现类型选择错误时将无法正常提交问卷。因此，本次收集的1020份问卷都是有效问卷。当然，这些问卷中不可能杜绝不认真、应付作答的大学生，即他们存在随意答题的现象。

二、调查对象基本情况统计

从答题的性别来看，女生的参与度远高于男生（图3-1）。此外，根据中华人民共和国教育部网站2023年12月29日发布的全国基本情况各级各类教育在校生情况，普通本科总计19656436人，其中女生10397461人，占比52.9%；男生9258975人，占比47.1%。这可能是女生参与答题比例高于男生参与答题比例的一个因素。另外，本书所调查的高校以师范类院校居多，这可能是女生参与答题比例高于男生参与答题比例的另一个因素。

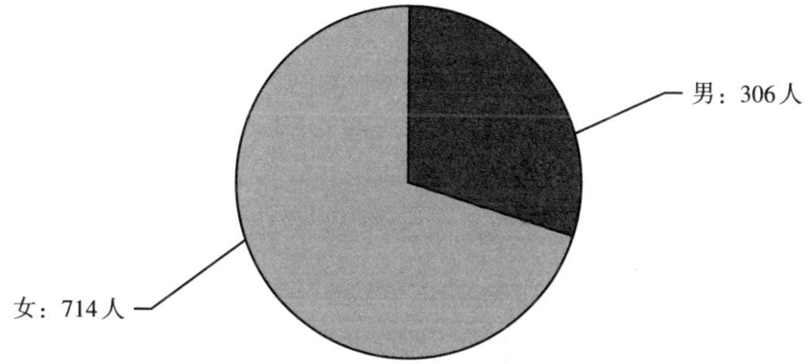

图3-1　参与问卷调查不同性别大学生的人数

根据国家统计局2021年5月11日发布的第七次全国人口普查公报（第二号），全国人口中，汉族人口为1286311334人，占91.11%；各少数民族人口为125467390人，占8.89%。本书此次调查少数民族学生占比21.18%（图3-2），这一方面由于新疆这一少数民族地区是本书调查的分区域之一，另一方面说明少数民族教育得到了较大发展，使得更多的少数民族学生进入高等学校学习深造。

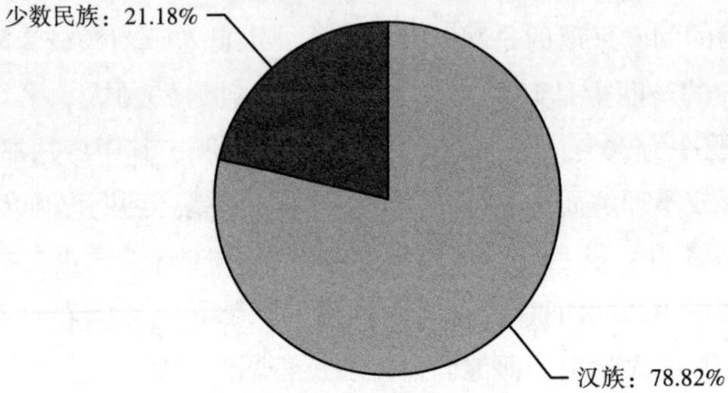

图3-2　参与问卷调查大学生的民族情况

从大学生的生源地来看，本次调查来自城市（含大城市、中小城市、县城）的大学生较多，占比60.68%；来自乡村（含农村、乡镇）的大学生占比39.32%（图3-3）。根据第七次全国人口普查公报（第七号），全国人口中，居住在城镇的人口为901991162人，占63.89%（2020年我国户籍人口城镇化率为45.4%）；居住在乡村的人口为509787562人，占36.11%。从大学生的生源地占比中可以看出，不仅城市学生数量多于乡村学生数量，而且城市教育也比乡村教育更显优势。这除了城市人口略多于乡村人口外，还有一个原因是随着我国城市化进程的不断加快，城市人口迅速扩张，在20世纪八九十年代，全国70%的人口是乡村人口，而现在乡村人口占比不足50%。

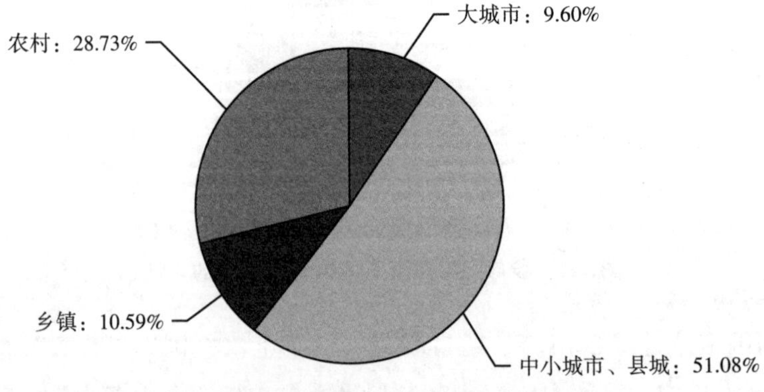

图3-3　参与问卷调查大学生的生源地情况

从年级分布来看，大一学生占比最大，大四学生占比最小（图3-4）。著者在实地调查过程中也发现，大一学生对于问卷调查的配合意愿和热情相对高于其他年级学生。

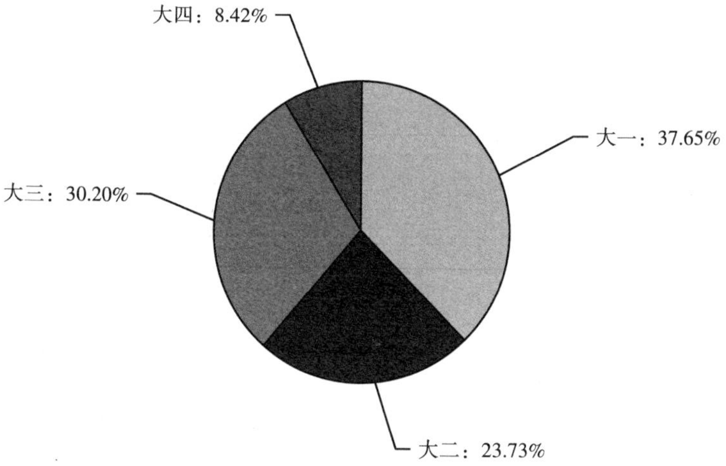

图3-4　参与问卷调查大学生的年级分布情况

问卷中设置了大学生的政治面貌情况。从调查结果中可以看出，被调查的大学生中，中共党员（含预备党员）占比8.04%，共青团员占比90.49%，其他党派人士和无党派人士分别占比0.20%和1.27%（图3-5）。根据中华人民共和国教育部发布的消息（来源于《中国教育报》），截至2022年底，中国共产党党员总数为9804.1万名，其中，学生党员为290.1万名，以此推算，大学生党员占比不到10%。本次问卷调查得出的数据与上述数据比较接近。

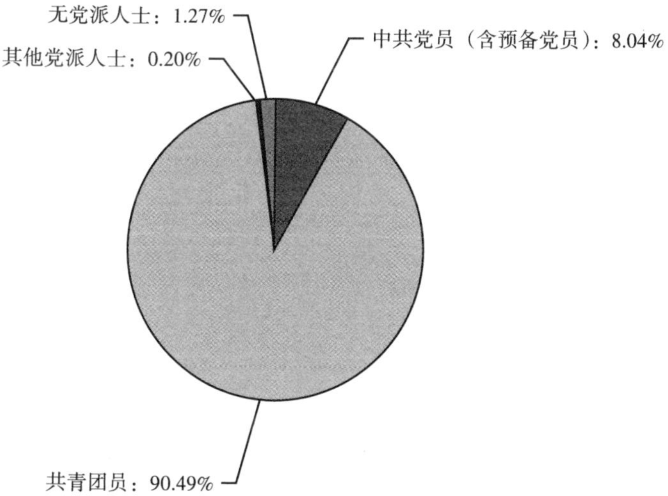

图3-5　参与问卷调查大学生的政治面貌情况

从上述介绍的问卷基本情况中可以看出，虽然本次调查是网上随机进行的，但是调查基本上符合现实情况，即本次调查有一定的代表性和现实可信性，在一定程度上能从调查结果中反映客观现实。

三、中学时期情况调查统计

学生在中学时期对政治、历史类课程的学习态度在很大程度上影响着大学时期对思想政治理论课的态度。在关于中学时期学生对政治、历史类课程的态度中，喜欢或重视政治、历史类课程的学生占比40.6%，感觉一般的学生占比52.5%，还有6.9%的学生不喜欢或不重视（图3-6）。中小学时期的思想政治课学习心理对大学时期的思想政治理论课的学习影响客观存在。中小学时期思想政治课的学习投入并不多，华莉莉[①]的研究结果表明：69.4%的学生能认真完成德育课作业，48.2%的学生能在德育课考试前尽力准备，46.6%的学生主动关心时事政治，23.5%的学生能在课前主动预习，26.4%的学生能在课上积极发言，31.0%的学生会与父母交流德育课学习。石瑞和李兴昌[②]的研究结果表明：政治课在中学生心中的地位是“副科”，有78%的中学生赞同“政治课是副科，只要考试能拿高分就行了”，有60%的中学生赞同“政治课讲的都是大道理，没多大用处”，有38%的学生认为“政治课内容太教条，不灵活”，有48%的学生赞同“社会道德滑坡现象严重”；在教学过程中，不少学生很疑惑地问，“在这件事上，我还应该按照书本上的建议做吗”“我具体该怎么做”；总体上来说，中学生对思想政治课的满意程度较低，满意率仅占42%。在本次调查中，29.90%的学生认为中学时期对政治、历史类课程的态度影响其对高校思想政治理论课的态度，57.55%的学生认为有一定影响，12.55%的学生认为没有影响。在“您对中学政治、历史类课程的看法让您对高校思想政治理论课产生了怎样的看法?”一题中，26.96%的学生认为高校思想政治理论课和中学时期的政治、历史类课程一样是说教类课程；29.12%的学生认为高校思想政治理论课不及专业课重要，学习就是为了拿学分毕业；43.92%的学生认为高校思想政治理论课内容更丰富深刻，能够学到更多的知识。

① 华莉莉. 中小学德育课程的学生学习心理及其影响因素调查研究［J］. 上海教育科研，2017（9）：55.

② 石瑞，李兴昌. 关于中学生对政治课态度的几点思考：基于对延安市部分中学生对政治课态度的调查［J］. 新课程研究 · 基础教育，2010（5）：136.

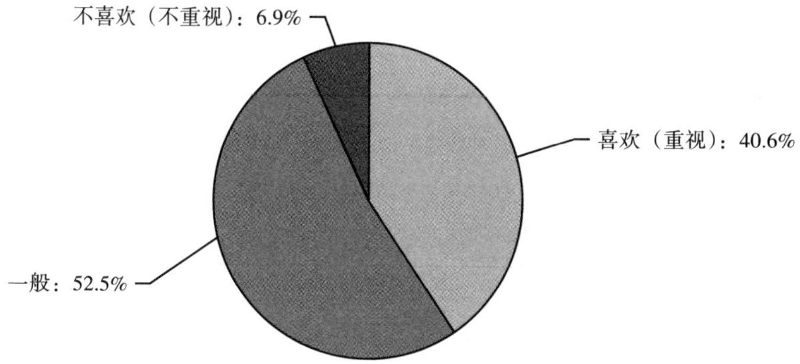

图3-6　大学生在中学时期对政治、历史类课程的学习态度

四、家庭背景情况调查统计

家庭往往能为孩子提供重要的教育环境，家长往往是孩子的第一任教师。可见家庭在孩子成长过程中的影响较大。大学生的家庭环境如何、家长情况如何、家长与孩子之间的关系如何，对孩子进入大学的学习及价值观形成都起着举足轻重的作用。对此，本书所述研究对大学生的家庭背景情况做了调查。本次调查分别从父母的职业、学历、日常关注点、与子女沟通情况等方面展开。

从父母的职业来看，主要集中于务农和个体两大主体，其中父母务农群体占比分别为45.49%和46.37%，父母从事个体职业占比分别为27.65%和30.69%，而其他项（党政领导干部、教职人员、普通公职人员、企业员工）总计占比不超过30%（图3-7、图3-8）。近年来，农村孩子考取重点大学机会少、入学难，重点大学农村生源比例不断下降等问题和现象引起了人们的广泛关注。我国某社科基金组对重点高校生源的家庭背景调查结果为：父亲为农民、商人和普通工人的比例分别为32.0%、14.5%和11.0%，父亲为公务员、事业单位编制人员和国有或公有企业职工的比例分别为8.6%、5.8%和14.0%；母亲为农民和普通工人的比例分别为37.0%和11.0%，母亲为公务员、事业单位编制人员和商人的比例分别为3.5%、12.4%和3.7%。[①]比较分析此调查结果与本书所述研究的调查结果，可以看出，农村生源所占比例实际上并不少。本书所述研究的调查对象多为普通院校学生，相对重点高校生源，农村生源较多。从这两项调查结果中可以看出，在国家政策的扶持下，农村孩子接受高等教育的机会并不少，且城乡教育资源呈现两极化的可能性越来越大。

① 陈超.重点大学从未忽略寒门学子［N］.光明日报，2017-05-20（7）.

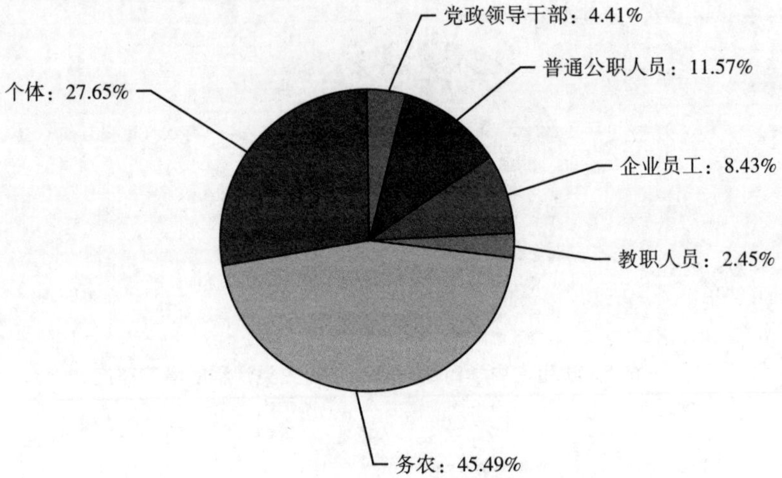

图3-7　参与问卷调查大学生父亲的职业情况

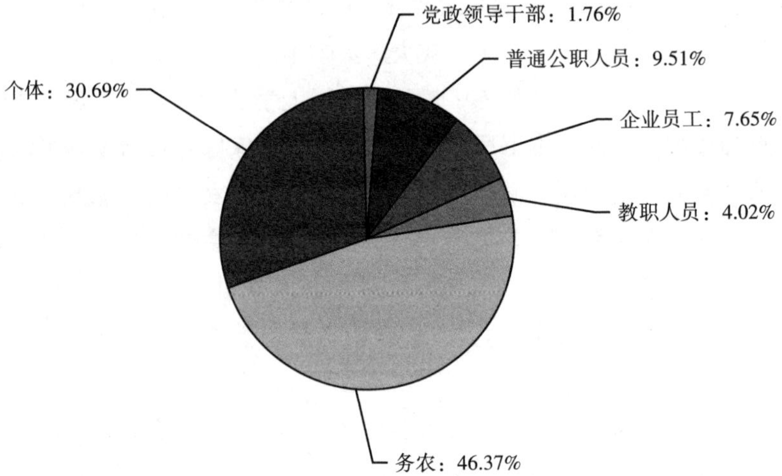

图3-8　参与问卷调查大学生母亲的职业情况

从父母的学历来看，主要集中于中学及以下学历，其次是本科或大专学历。从调查数据中可以看出，中学及以下学历，母亲的学历占比与父亲的相比略高一些，母亲占比79.90%，而父亲占比76.96%；本科或大专学历，母亲占比18.43%，而父亲占比20.88%；研究生学历，母亲占比1.67%，而父亲占比2.16%（图3-9、图3-10）。大专及以上学历，父亲占比略高于母亲。但从整体来看，父亲和母亲的学历差异不大。

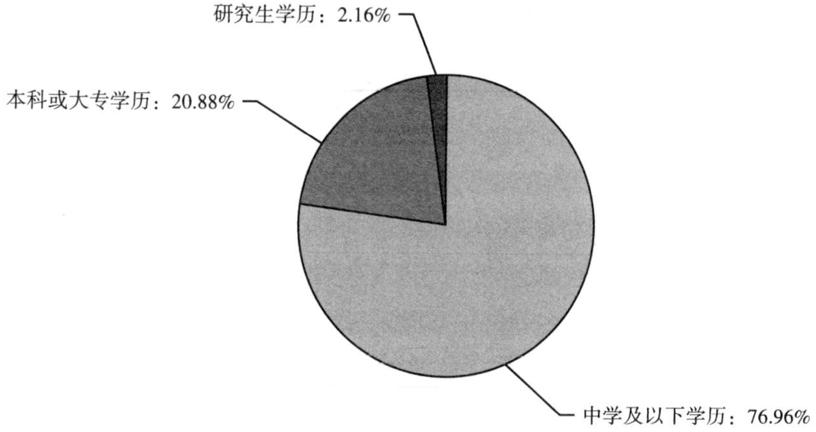

图3-9 参与问卷调查大学生父亲的学历情况

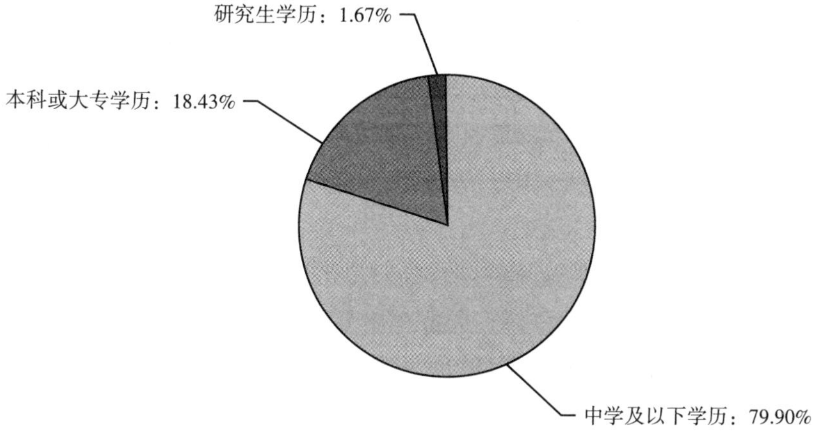

图3-10 参与问卷调查大学生母亲的学历情况

随着我国高等教育的发展，新时代大学生的父母接受高等教育的比例有所提高。尽管多数大学生的父母学历在本科以下，但是结合现实，绝大多数父母都接受过中学或中、高职教育，这为家庭与学校共育提供了保障。

父母的价值观影响着孩子的价值观，父母的兴趣取向也影响着孩子的兴趣爱好。父母平时是否会关注伦理道德、政治法律、社会民生类问题，对孩子的道德教育和社会责任感的养成具有一定的作用。在本次调查中发现，40.20%的父母经常关注伦理道德、政治法律和社会民生等问题，56.27%父母在遇到较大社会事件时才会关注此类问题，3.53%的父母从不关注此类问题（图3-11）。本书所述研究建议进一步加强家庭在道德教育、社会责任感培养等方面的作用。

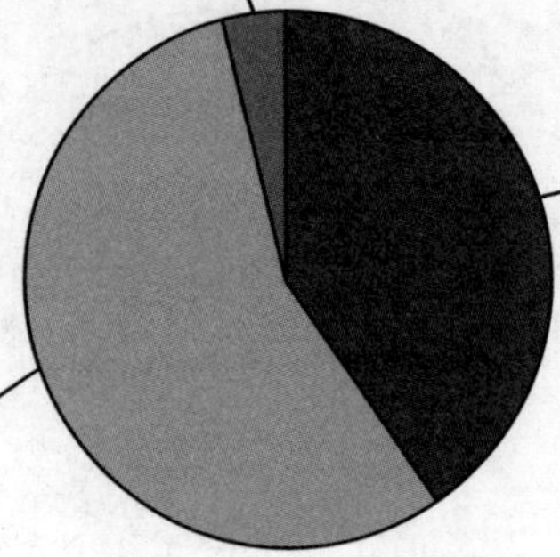

图3-11　参与问卷调查大学生的父母平时对伦理道德、政治法律、社会民生类问题的关注情况

从父母与孩子的家庭关系来看，多数家庭父母比较注重与孩子的沟通交流。69.71%的父母经常与子女沟通交流，27.84%的父母只是偶尔与子女沟通交流，还有2.45%的父母从不和子女沟通交流（表3-1）。在一定程度上，与父母保持良好家庭关系的子女在待人接物等方面能够表现得更平和，因此，父母与他们经常沟通交流对他们正确的世界观、人生观和价值观的树立，以及良好性格的养成非常重要。

表3-1　父母平时和大学生的沟通交流情况

沟通交流情况	占比
关心，经常沟通，及时解决生活中的问题和困难	69.71%
不太关心，偶尔询问一下	27.84%
不关心，从来不沟通	2.45%

五、调查对象文化背景情况统计

大学生自身的文化素养及背景在一定程度上影响着他们看待问题的眼界和思维方式。奥苏贝尔曾说，影响学生学习唯一重要的因素就是学习者已经知道了什么。现实情况可能不完全像奥苏贝尔所认为的那样，学习者已有的文化知识是对后来学习影响的唯一重要因素，但可以让我们认识到学习者已有的文化背景会对其后继的学习有重要的影响。因此，充分把握大学生前期的学习成绩、学习状态、课余生活等情况，有利于了解大学生对思想政治理论课的认知与期待。

从调查对象来看，学习成绩排在班级前30%的学生占比48.63%，排名中等的学生占比41.76%，排在班级后30%的学生占比9.61%（图3–12）。由于问卷是随机问答，未做到有计划发放，所以从作答的情况分析，班级排名后30%的学生占比偏低可能是因为排名靠后的学生不愿意参与作答，抑或是在完成问卷作答时有意将自己的成绩排名提前了。

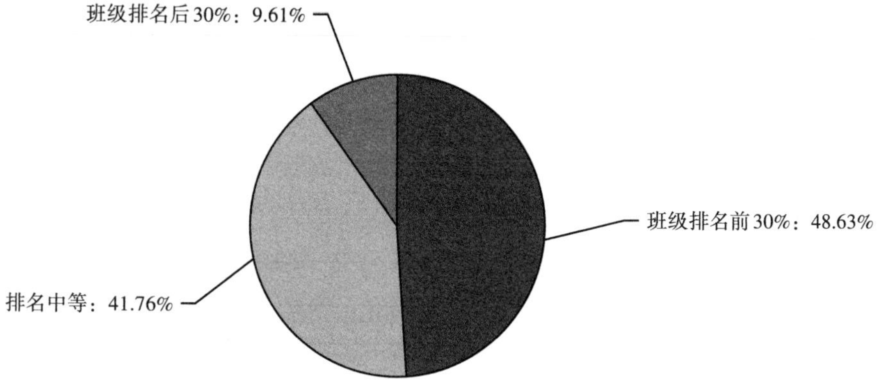

图3–12　参与问卷调查的大学生在班级综合排名情况

青年一代有理想、有担当，国家就有前途，民族就有希望。大学生正值青春年华，处在人生成长的关键时期，知识体系搭建尚未完成，价值观塑造尚未成型，情感心理尚未成熟，因此，大学期间对大学生的人生成长意义重大。大学生的学习状态在一定程度上能够反映一代青年的精神风貌。从表3–2中可知，37.25%的大学生认为大学学习压力更大了，要学习的知识更多了；35.60%的大学生认为学习和生活应该兼顾，这也说明了大学生对生活的追求，中学时期学生的主要任务是学习，而到了大学，他们便开始重视生活实践，这是大学生社会化的重要进程；20.78%的大学生认为在大学里没有了升学的压力，可以放松一下，这说明中学时期学生的课业繁重，到了大学，他们自己可支配的时间相对宽松，追求自我的机会相对增多。从调查结果中可以看出，新时代大学生能够端正学习态度，积极进取。

表3–2　相比于中学时期，大学时期的学习状况

大学时期的学习状况	占比
感觉压力更大了，要学习的知识太多了	37.25%

表3-2（续）

大学时期的学习状况	占比
有点儿变化，感觉没了升学考试的"紧箍咒"，有喘息的机会了	20.78%
有变化，觉得学习和生活应该兼顾，喜欢参加各种社会活动	35.60%
变化很大，感觉终于解脱了，不用天天担心分数了	6.37%

相对中学时期，大学时期学生可自由支配的时间更加灵活，除了课程学习，大学生一般怎样度过课余时间呢？从本次调查结果中可以看出，大学生的课余生活比较丰富。通过表3-3可知，排在前面的是看电视、上网及玩游戏，然后是看专业书、复习专业知识，以及看课外书。由此可以看出，网络对于大学生的影响较大。

表3-3　大学生的课余生活

课余生活	占比
看电视、上网	73.8%
玩游戏	55.4%
看专业书、复习专业知识	52.5%
看课外书	50.2%
参加校园社团活动	47.8%
健身、运动	42.5%
做兼职（家教、打工）	34.7%

对于网络对大学生的影响。著者也有做过专门的调查，大学生认为互联网对他们有影响和影响很大分别占比42.45%和52.75%（图3-13）。新时代大学生可以说是互联网的"原住民"，他们伴随着互联网的诞生而诞生，伴随着互联网的成长而成长，互联网对他们的影响无处不在。他们几乎"无人不网、无日不网、无处不网"。在相关调查中，我们让大学生对自己上网所做之事进行排序，排在前两位的是网购、网络游戏，其次是在网上进行网课学习、看头条新闻和影视剧（含文艺节目）。在互联网对大学生价值观的影响调查中，57.5%的大学生认为"拓展了知识视野，提升了价值判断力"（图3-14）。互联

网除了对大学生思想、心理、价值观有影响，对思想政治理论课教学也有很大影响。大学生通过互联网可以随时随地获取资讯信息，进行网络课程学习，他们所能接触到的知识信息并不会比老师少，随着他们认知能力的不断提高，对思想政治理论课教学、教学内容、教学手段，以及教师的要求也越来越高。当大学生的要求较多、期待较高，一旦现实满足不了他们的需求和期待时，他们的满意度就会呈现降低的趋势。相比以往的思想政治理论课教学，大学生的需求更多，教学的要求也相应更高，教师的压力也在不断增加。因此，运用互联网和新媒体技术推进思想政治理论课教学势在必行。

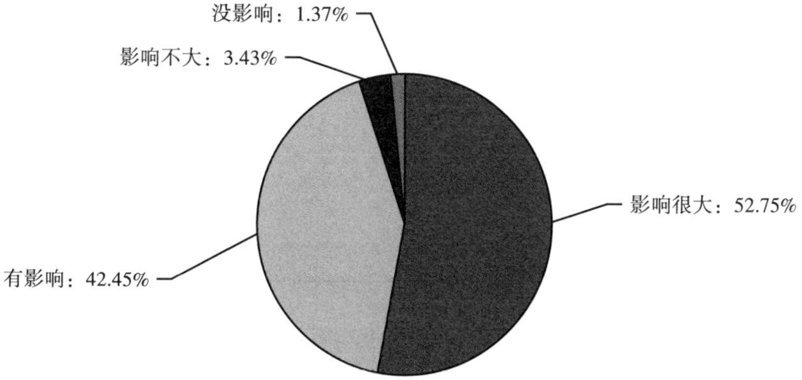

图 3–13　大学生受互联网影响情况

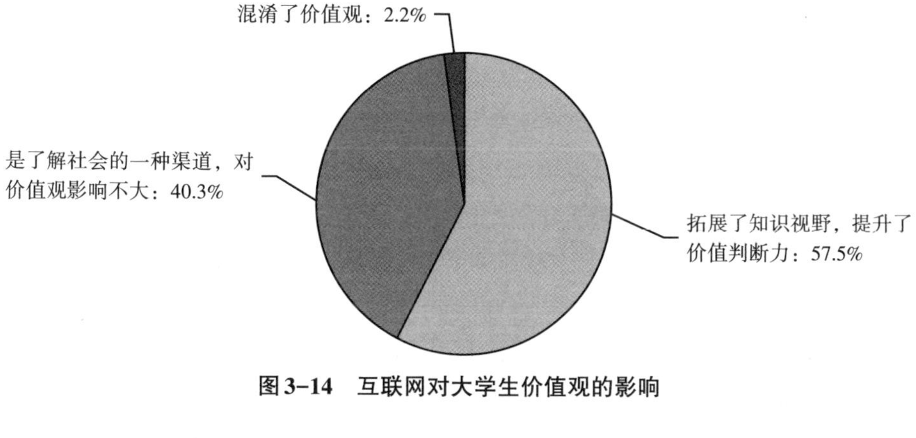

图 3–14　互联网对大学生价值观的影响

在大学校园，社团活动是大学时期非常重要的一项活动。学校社团活动是大学生社会化进程中的重要一环，对培养大学生的组织协调能力、团结互助能力、人际交往能力和工作执行能力发挥着重要的作用。通过表 3–4 可知，35.39% 的大学生认为参加学校社团活动意义很大，可以丰富校园生活，锻炼学生各种能力；46.86%的大学生认为参加学校社团活动有一定意义，可以劳逸结合，缓解课业学习的紧张；15.59%的大学生认为参加学校社团活动意义不大，有些学校社团活动只是一种形式，缺乏实质意义；2.16%的大学生认为参加学校社团活动没意义，浪费时间。从总体上看，大学生对校园社团活动在学生能力培养和生活技能上的帮助有正确的认识。学校社团活动的另一个作用是对学生思想政治教育的隐性功能，也值得我们深入研究。

表3-4　大学生对参加学校社团活动的看法

看法	占比
意义很大，可以丰富校园生活，锻炼学生各种能力	35.39%
有一定意义，可以劳逸结合，缓解课业学习的紧张	46.86%
意义不大，有些学校社团活动只是一种形式，缺乏实质意义	15.59%
没意义，浪费时间	2.16%

六、调查对象思想政治理论课前期投入情况统计

学生对学习内容的前期投入和态度在很大程度上影响学习效果。在本次调查中，对于大学生是否会向学长打听即将开设的思想政治理论课，以及上课前是否会预习学习内容方面，我们发现，多数大学生会打听思想政治理论课相关情况，主要原因还是关心能否通过考试。通过表3-5可知，选择“可能会，心里能有点儿准备，毕竟通过考试比较重要”的学生有43.82%，选择“会，这样有利于日后安排学习该课的计划”的学生有40.79%，选择“不会”的学生有15.39%。通过表3-6可知，会提前预习思想政治理论课学习内容的学生只占16.27%；大多数学生（40.10%）会在时间充裕的情况下，提前翻看一下将要学习的内容。但事实上大学生的时间是不充裕的，这并不是说他们可支配的时间不充裕，而是用在学习上的时间不充裕。从本次调查结果中也能看出，在课余时间，73.8%的大学生选择看电视、上网，55.4%的大学生选择玩游戏，47.8%的大学生选择参加校园社团活动，42.5%的大学生选择健身、运动，34.7%的大学生选择做兼职（表3-3）。因此，大学生的课余时间虽多，但都被很多学习以外的事物所占用，留有充足的时间进行预习和复习较难。

表3-5　大学生在上思想政治理论课之前向学长打听即将开设课程的情况

是否会打听即将开设的课程及原因	占比
会，这样有利于日后安排学习该课的计划	40.79%
可能会，心里能有点儿准备，毕竟通过考试比较重要	43.82%
不会	15.39%

表3-6　大学生在上思想政治理论课之前的预习情况

课前预习情况	占比
会预习，学习效果会更好	16.27%
时间充裕时，提前翻看一下	40.10%
不预习，上课认真听	25.39%
不预习，课堂随便听一下	18.24%

大学生参加学校社团活动和社会兼职是他们社会化必不可少的过程，值得提倡；但相比之下，大学生课余时间看电视、上网、玩游戏的比例偏高，如何让大学生合理分配课余时间，有效利用课余时间做更有意义的事情，值得研究。在不预习的大学生中，有25.39%的大学生会在课堂上认真听课，有18.24%的大学生则会在课堂上随便听一下（表3-6）。这与现实课堂的情况基本吻合。教师对大学生是否提前预习不好衡量，一般思想政治理论课教师很少会提问大学生将要学习哪些内容，而对上节课学习内容进行复习和提问时，个别大学生被提问时会答非所问，甚至直截了当地告诉教师忘记了（著者在听课过程中遇到过这种现象）。这些调查结果在一定程度上反映出大学生在学习思想政治理论课时，把思想政治理论课定位在顺利通过考试上，而没能深入认识到思想政治理论课对自己的世界观、人生观和价值观的引导教育。因此，应加强大学生对思想政治理论课的前期学习投入。

大学生对课程的投入情况在一定程度上反映了大学生对该课程的态度，学习投入影响着大学生的学习效果。大学生对思想政治理论课的学习投入不多，是思想政治理论课教学效果不显著的原因之一。大学生只有认识到思想政治理论课的重要性，才会重视它，才有学习的兴趣和劲头，这也是提高思想政治理论课教学效果的前提。

第三节　访谈结果统计

众所周知，调查问卷为了解某事物提供了极具研究价值的样本，但是调查问卷具有客观的局限性。例如，调查问卷的设计出于研究者的视角，而参与作答的是被调查者，被调查者所作出的选择被框定在设计者的设计范围之内，从而使这种调查具有一定的封闭性。为了弥补问卷调查的不足，本书所述研究还安排了访谈调查。相比问卷调查而言，访谈调查的调查结果具有相对的开放性，被调查者可以从自己的视角开放地谈论自己的观点。

著者根据事先拟定的访谈提纲，对30名大学生（其中，11人为大一学生、8人为大二学生、6人为大三学生、5人为大四学生）进行了访谈。这30名大学生中有18名女生、12名男生，他们的专业、生源地、政治面貌不同，既有学生干部，也有一般学生。被调查者根据著者的访谈提纲，发表自己的看法。著者将他们的观点整理成了一份约13万字的文字资料，但经过整理分析，发现他们所谈论的看法、观点中有很多相似之处，所以著者从中重点挑选了具有代表性的观点和看法在本书后面章节中予以呈现。

第四章 新时代大学生思想政治理论课心理定势的现状调查

著者认为，大学生先前的成长经历、文化素质、家庭背景、个性特征等在一定程度上影响着大学生对思想政治理论课的认知态度和价值期待，而这些认知态度和价值期待构成了大学生对思想政治理论课的心理定势。在本书所述研究中，对大学生思想政治理论课心理定势的研究，主要从大学生对思想政治理论课的认知状况和未来期待两个方面展开，本章将对大学生对思想政治理论课的具体认知态度与期待情况进行多方面分析。

第一节 大学生对思想政治理论课的认知态度状况

大学生如何看待思想政治理论课，对思想政治理论课有怎样的态度，会影响他们后继的学习行为。了解大学生对思想政治理论课的认知态度，对调整思想政治理论课的教学方式具有现实针对性和重要意义。

一、整体认知状况良好

随着高校思想政治理论课被重视的程度不断提高，关于高校思想政治理论课的满意度也成为人们普遍关注的话题，对此本书所述研究也做了调查。图4-1中，不满意的大学生仅为7.84%，而满意的大学生有35.20%，由此可见对现行思想政治理论课满意的大学生远远多于不满意的大学生。当然，对思想政治理论课满意度一般的大学生占了绝大多数，占比为54.51%。该结果表明，对提升思想政治理论课教学水平和让大学生满意还有很大空间，但同时需明确，现行思想政治理论课教学不至于让我们悲观，有相当一部分大学生对现行教学是满意的，这让我们对今后的教学也充满了信心和期待。我们不能被少数不满意的声音掩盖了继续进取的信心和勇气。

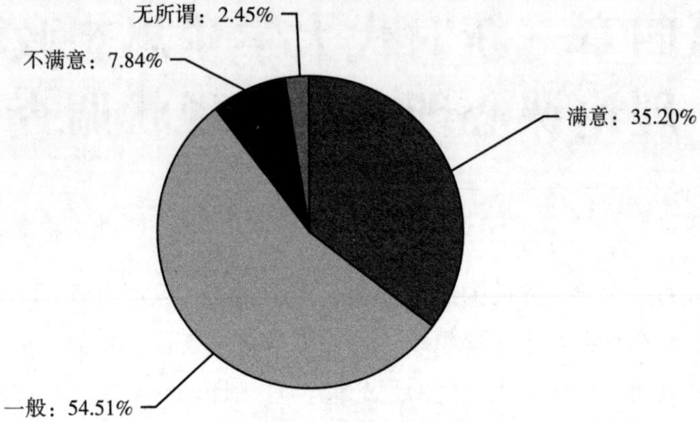

图4-1　大学生对思想政治理论课的满意度

在教学中，常听到思想政治理论课没什么实在意义的言论。而真实情况是怎样的呢？从表4-1中可以看出，74.2%的大学生认为思想政治理论课的作用和意义是教学内容能够拓宽知识面，开阔视野，促进个人的自由全面发展；71.0%的大学生认为思想政治理论课是实现国家政治统治所必需的意识形态教育；62.9%的大学生认为思想政治理论课学习能够促进社会有序发展；58.3%的大学生认为能够满足日后学习、工作、生活需要；只有8.6%的大学生认为思想政治理论课是理论说教，没什么意义；还有17.4%的大学生认为学习思想政治理论课只对考研、考公务员等资格类考试有用，这反映出部分大学生的功利性心理。从大学生的作答情况可以看出，大学生对思想政治理论课的认知还是比较正确客观的，大学生有着正确的价值判断力和独立思考力，不会人云亦云地违背客观常理而随性评价事物。大学生对开设思想政治理论课意义的客观评价，在一定程度上反映了近年来思想政治理论课的主渠道作用得到了发挥，思想政治理论课的教学效果得到了多数人的认可。

表4-1　大学生对开设思想政治理论课的意义和认知情况

意义和认知	占比
拓宽知识面，开阔视野，促进个人的自由全面发展	74.2%
实现国家政治统治所必需的意识形态教育	71.0%
促进社会有序发展	62.9%

表4–1（续）

意义和认知	占比
满足大学生日后学习、工作、生活需要	58.3%
只对考研、考公务员等资格类考试有用	17.4%
是政治理论说教，没什么意义	8.6%

除了问卷调查，关于大学生对思想政治理论课的整体认知情况，著者做了访谈，以下是对问卷调查的补充。

学生1：在一定程度上，我觉得大学也是应试教育，也会出现考前突击的事，尤其是对于思想政治理论课，在考前一两天，一些同学抱着课本通宵达旦地背，但考完大部分知识都忘记了。

学生2：我在初中和高中就比较喜欢政治课，我觉得我的背功还不错，尤其是初中时的政治，上课认真听讲，期中和期末时认真复习，并背诵相关知识点，最高时能考98分。但是进入大学后，对思想政治理论课教材上的内容就背不下来了，因为内容太多了，而且大学考试不像初中和高中时要求答案那么标准化，所以在考试时，自己发挥一下也可能会拿不少分。

上述学生反映的情况在大学校园中也会出现，这说明大学生对思想政治理论课的性质定位有偏差。思想政治理论课是对大学生进行价值引导和思维提升的训练课程，但在一些大学生眼中，思想政治理论课的学习属于知识识记，大学生把它作为一门知识来学习，沿袭了中学时期的学习模式——背记知识点。个别大学生学习的最终目的是应付考试，这在很大程度上是受初高中时期政治、历史考试模式的影响。思想政治理论课的真正目标是立德树人，帮助大学生树立正确的世界观、人生观和价值观。

二、对思想政治理论课教师的认知较客观

思想政治理论课教师既是思想政治理论课教学的主体，也是思想政治教育的一个重要因素，在整个教学过程中处于主导地位。他们代表着“中国特色社会主义的坚定信仰者和忠实实践者”①。他们应“忠诚于党和人民的教育事

① 习近平. 做党和人民满意的好老师：同北京师范大学师生代表座谈时的讲话（2014年9月9日）[N]. 人民日报，2014-09-10（2）.

业，自觉把党的教育方针贯彻到教学管理工作全过程，严肃认真对待自己的职责。要注重加强中国特色社会主义理论体系的学习，加深对中国特色社会主义的思想认同、理论认同、情感认同，不断增强道路自信、理论自信、制度自信，积极引导学生热爱祖国、热爱人民、热爱中国共产党。好老师应该做中国特色社会主义共同理想和中华民族伟大复兴中国梦的积极传播者，帮助学生筑梦、追梦、圆梦，让一代又一代年轻人都成为实现我们民族梦想的正能量”①。

掌握大学生如何看待思想政治理论课教师的现状，可为教师自我提升和改进提供具有针对性的建议。那么，在大学生眼中，思想政治理论课教师是一类什么样的人群呢？从表4–2中可以看出，一半以上的大学生认为思想政治理论课教师是一类理论功底扎实、分析问题透彻、知识面广、思想活跃、平易近人的群体；此外，有44.4%的大学生认为他们是遵纪守法的典范，政治道德的风向标。思想政治理论课教师除具有一般教师教书育人的特征外，还具有特殊的使命，他们担负着将党和国家及社会的要求输送给学生的责任。他们首先要有过硬的政治素质、坚定的信念、精湛的业务，党和国家对思想政治理论课教师的要求在一定程度上高于其他教师，他们在课堂上所讲的每句话在某种程度上都代表了党和国家。但有一些大学生认为思想政治理论课教师的讲课水平与中小学政治、历史类科目教师的讲课水平差不多，认为他们只重理论说教、照本宣科，这提醒思想政治理论课教师在业务上还有一定的提升空间。从表4–2中可知，有10.4%的大学生对思想政治理论课教师没什么看法，说明他们对思想政治理论课及教师缺乏了解，这在一定程度上会影响他们接受思想政治理论课教学的积极性和热情。

表4–2　大学生对思想政治理论课教师的印象

印象	占比
理论功底扎实，分析问题透彻	53.6%
知识面广、思想活跃、平易近人	53.4%
是遵纪守法的典范，政治道德的风向标	44.4%
是意识形态宣讲的主体，思想保守，朴实无华	27.8%

① 习近平. 做党和人民满意的好老师：同北京师范大学师生代表座谈时的讲话（2014年9月9日）[N]. 人民日报，2014-09-10（2）.

表4-2（续）

印象	占比
只重理论说教、照本宣科	13.2%
讲课水平与中小学政治、历史类科目教师差不多	11.1%
没考虑过这个问题	10.4%

关于大学生对思想政治理论课教师的印象，著者做了访谈，以下是学生3的回答。

学生3：不是所有的思想政治理论课我都不感兴趣，也有我喜欢的思想政治理论课，我觉得“毛泽东思想”“中国特色社会主义理论体系概论”课老师讲得比较有意思，把问题分析得很深刻，我比较感兴趣，感觉收获也很大，我也喜欢上这门课。

可以看出，大学生如果能在课堂上获得他们感兴趣的信息，他们也会对课堂感兴趣。这说明教师的作用举足轻重，教师讲得好，让大学生有收获，他们自然会认真听课，积极参与。

在对“有些思想政治理论课教师上课缺乏吸引力，您认为最主要的因素是什么?”的调查中，50.3%的大学生选择了“上课缺乏激情，没有感染力，导致课堂气氛沉闷”（表4-3）。大学生正处于由青春期过渡到成人的阶段，性格张扬、思维活跃、好奇心强，这些带有青春烙印的性格特点决定了他们对思想政治理论课教师的要求。而在现实中，思想政治理论课自身的政治性、严肃性和意识形态性，以及教师自身的知识储备和教学技能的局限性，使思想政治理论课教学课堂显得严肃、沉闷。如何活跃思想政治理论课教学氛围，又不因迎合大学生而失去其应有的属性，值得进一步探究。

表4-3　大学生对有些思想政治理论课教师上课缺乏吸引力原因的看法

看法	占比
理论功底欠缺，对本学科知识掌握缺乏必要的广度和深度	19.3%
教师自身对课堂教学重视不够，照本宣科，念课件	24.4%
上课缺乏激情，没有感染力，导致课堂气氛沉闷	50.3%
教师缺乏人格魅力	6.0%

三、多数大学生认为思想政治理论课教学内容基本联系实际

从表4-4中可知，63.33%的大学生认为思想政治理论课教学内容基本联系实际；24.02%的大学生认为思想政治理论课教学内容空泛、讲大道理，在一定程度上脱离实际；12.65%的大学生认为教学内容紧密联系实际。2019年3月18日，习近平总书记在学校思想政治理论课教师座谈会上提到："教材内容还不够鲜活，针对性、可读性、实效性有待增强。"[①]思想政治理论课的教学内容是党和国家对大学生在思想、政治、道德、心理素质方面的要求，集中反映了国家意识形态、社会道德规范，其教学内容不是一成不变的，而是根据社会的发展要求和大学生的思想品德发展规律而确定的，但无论教学内容如何发展变化，都离不开一个主旋律，即传播国家核心价值观。如何将政治性、严肃性较强的思想政治理论课教学内容转化为大学生既能听懂又乐意听的内容，需要进一步探究。

表4-4　大学生对思想政治理论课教学内容的最深印象

印象	占比
空泛、讲大道理，在一定程度上脱离实际	24.02%
基本联系实际	63.33%
紧密联系实际	12.65%

从表4-5中可知，56.37%的大学生认为当前思想政治理论课教学内容与现实结合不足，缺乏生活感，实际用途不大；53.63%的大学生认为当前思想政治理论课教学内容理论性太强，不易理解；47.45%的大学生认为当前思想政治理论课教学内容多集中关注国家意识形态要求，对个人发展关注较少；40.49%的大学生认为当前思想政治理论课教学内容有很多在中学时期学过，大学课程对这些知识拓展深度不够；30.49%的学生认为思想政治理论课教学内容空泛，相互交叉重叠，缺乏科学组合和整体联系。随着大中小学思想政治理论课一体化建设的不断推进，思想政治理论课交叉重叠、缺乏科学组合和整体联系的问题有所改观，但还需进一步深化研究和实践。思想政治理论课教学内容不仅体现着思想政治教育的性质，也是实现思想政治教育目标与任务的重

① 习近平. 思政课是落实立德树人根本任务的关键课程［M］. 北京：人民出版社，2020：6.

要保证，思想政治理论课教学内容的质量直接影响思想政治教育的效果，如何制定教学内容、如何利用教学内容是对思想政治理论课教学的挑战。

表4-5　大学生对当前思想政治理论课教学内容中存在的主要问题的看法

看法	占比
与现实结合不足，缺乏生活感，实际用途不大	56.37%
理论性太强，不易理解	53.63%
多集中关注国家意识形态要求，对个人发展关注较少	47.45%
很多在中学政治、历史课中都学过，拓展深度不够	40.49%
空泛，相互交叉重叠，缺乏科学组合和整体联系	30.49%

四、多数大学生认为思想政治理论课教学中学生参与度较低

思想政治理论课与其他专业课程有很大不同，它主要是通过课堂组织形式向学生传递马克思主义理论、中国特色社会主义理论、中华优秀传统文化，这些知识理论性较强，如何让学生听进去、接受教学内容，以及教学方法得当与否影响着教学效果。从表4-6中可知，大学生认为在当前思想政治课教学方法上存在着形式化、说教性、针对性不强、方式单一等问题，最突出的问题是学生参与度较低，66.5%的大学生认为当前思想政治理论课教学存在“灌输型的理论说教模式，学生参与度较低”的问题。

表4-6　大学生对当前思想政治课教学方法存在的主要问题的看法

看法	占比
专题式教学存在形式化问题	49.4%
灌输型的理论说教模式，学生参与度较低	66.5%
问题式教学开展不足，而且问题针对性不强	41.5%
教学方式陈旧、单一，不能激发学生的学习兴趣	49.0%

关于大学生对当前思想政治课教学方法存在的主要问题，著者做了访谈，以下是学生4的回答。

学生4：我觉得×老师上课挺有意思的，不但讲理论知识，而且会结合知

识内容播放一些视频或具有历史背景的图片，还挺吸引人的。因为我比较喜欢政治和历史，所以上思想政治理论课对我来说收获很大，学习这些课不仅能提高我的修养，而且能使我从更深层次去认识和理解我所感兴趣的政治事件和历史知识。我在课堂上的表现非常积极，喜欢回答老师的提问。

习近平总书记在全国高校思想政治工作会议上强调，思想政治理论课要坚持在改进中加强，在创新中提高，要不断丰富教学手段，改善课堂教学状况，防止形式化和表面化。有人提出，向大学生讲授思想政治理论课，讲授的具体内容犹如炒菜，菜虽然有营养，但是必须加入盐和调料，才会让人吃得津津有味。这就要求在思想政治理论课教学过程中，在使用教学方法过程中要加入“盐”和“调料”。要想让思想政治理论课教学在给大学生输送营养的同时让大学生乐于接受，就需要在教学方法上多加研究，使教学方法、手段多样化，从而激发大学生的学习兴趣，提高大学生的参与热情。

五、多数大学生较认同思想政治理论课的教学效果

思想政治理论课教学效果既是指大学生在接受思想政治理论教育内容和要求后思想认知和行为转化的程度，也是指思想政治理论教育作用发挥的程度。大学生只要接受了思想政治理论课教学，效果就一定客观存在，它有好坏之分，可能会取得较好的效果，也可能效果并不明显。2022年公布的《中国大学生思想政治教育发展报告2020》显示，广大高校学生衷心拥护党的领导，拥护社会主义制度，对全面建成小康社会和实现中华民族伟大复兴的中国梦充满信心和期待。这些都离不开思想政治理论教育对党的路线方针政策的宣传教育。我国正处于社会转型的关键期，各种思潮和观点此起彼伏、泥沙俱下，可谓乱花渐欲迷人眼。我们不得不承认，面对纷繁复杂的国际国内形势，思想政治理论教育的实效性还有一定的提升空间。社会上出现的贪污腐败、道德缺失、人性丑恶等事件，可能会让大学生产生无助和恐惧，对社会缺乏安全感和信任感，个别大学生甚至把这种现状归因于思想政治理论教育的失效。这说明思想政治理论课教育并未完全满足大学生的期待，甚至在某种程度上令他们感到失望。从表4-7中可知，28.73%的大学生认为思想政治理论课学习对自己的价值判断影响很大；57.06%的大学生认为有一定影响。又如，在许瑞芳[①]关于

① 许瑞芳.高校思想政治理论课建设实效的现状分析：基于上海市部分高校的调研[J].思想政治课研究，2019（3）：2.

“您认为高校开设思想政治理论课的主要价值是什么”的调查中，呈现出与本书所述研究结果相吻合的结论。其中，53.72%的受访学生认为主要价值是“加强学生的思想政治理论素养”，20.94%的受访学生认为主要价值是“培养大学生成为中国特色社会主义事业的建设者和接班人”，7.71%的受访学生认为主要价值是“党和国家事业长远发展的根本保证。”这表明，多数大学生对思想政治理论课的效果是接受和认可的，思想政治理论课的教学效果在大学生身上也得到了体现。

表4-7　学习思想政治理论课对大学生价值判断的影响情况

影响情况	占比
有一定影响，会对思想政治理论课所学知识与生活经验进行综合考虑后，再进行价值判断	57.06%
影响很大，在判断是非对错时，首先会想到运用思想政治理论课上学到的相关知识	28.73%
影响很小，一般都根据生活经验进行价值判断	11.76%
思想更加混乱，看法也出现矛盾	1.27%
完全没有影响	1.18%

在看到思想政治理论课对大部分大学生都有效果的同时，也应该关注那些认为学习了思想政治理论课以后思想更为混乱的大学生。因为新时代大学生正处于利益冲突多发、社会矛盾凸显、社会变动剧烈、社会意识多元的转型期，面对多元社会的思潮，让价值观尚处于发展不稳定阶段的大学生很难把握，可能会受到不良思想的侵蚀。少数大学生之所以会出现学习思想政治理论课以后思想更加混乱的状况，是因为受到外部环境的影响，不能深刻理解和看待思想政治理论课所传授的理想性与社会现实性。思想政治教育取得的最好效果是能够引导和转化那些思想认识不深刻、不明确的大学生，如果他们的思想认知能够达到大多数人的水平，那么思想政治理论课的效果才会更加凸显。因此，当思想政治理论课教育在大多数大学生中产生效果时，更应多加关注那些认为思想更加混乱的大学生，只有他们的思想认识符合社会主义核心价值观，思想政治理论课的教学效果才更有意义。

六、大学生能客观看待思想政治理论课教学环境

任何教育都脱离不了社会大环境的影响，思想政治理论课教学也不例外。在“您认为当前思想政治理论课教学外在环境存在的主要问题有哪些?”调查中，63.7%的大学生认为现在处于“信息化时代，社会思潮多元，真假难辨，对错难分”。52.1%的大学生认为“现实中不良现象、公众人物的不良形象都影响着学生的价值观”，47.3%的大学生认为“社会风气整体浮躁”。此外，一些大学生认为思想政治理论课教学外在环境的影响因素还有“学生对课程性质认识不清，只为了获得学分”“身边同学、朋友都不喜欢思想政治理论课”“亲戚、家人不重视思想道德教育，更看重分数”“学校只重视教师的科研，不重视课堂教学”“教师未能将思想政治理论课教学与一般的专业教学区别对待”问题（表4-8）。这些外在环境因素都在不同程度上影响着思想政治理论课的教学效果。虽然大学生思想开放、思维活跃、好奇心强，但是他们的价值观尚未成熟稳定，容易受外界不良思想引诱。特别值得注意的是，如何在信息时代加强思想政治教育，利用思想政治理论课做好大学生的思想和价值观引导尤为重要。

表4-8　大学生对当前思想政治理论课教学外在环境的看法

看法	占比
信息化时代，社会思潮多元，真假难辨，对错难分	63.7%
现实中不良现象、公众人物的不良形象都影响着学生的价值观	52.1%
社会风气整体浮躁	47.3%
学生对课程性质认识不清，只为了获得学分	37.6%
身边同学、朋友都不喜欢思想政治理论课	25.7%
亲戚、家人不重视思想道德教育，更看重分数	25.1%
学校只重视教师的科研，不重视课堂教学	21.4%
教师未能将思想政治理论课教学与一般的专业教学区别对待	20.8%

通过上文对调查结果的分析，著者发现，大学生对思想政治理论课的认知

整体上具有积极性。受心理定势的影响，大学生对思想政治理论课的认知态度具有一定的差异，进而影响着大学生对思想政治理论课的学习投入，最终的影响都反映在思想政治理论课的教学效果上。针对多年来人们一直反映的影响思想政治理论课教学效果的认知方面，多数大学生认为，思想政治理论课教学效果不佳与社会外部环境有较大关系，认为在信息化时代，多元文化、多元思潮对大学生思想的冲击，不良社会现象、公众人物的不良形象等都在很大程度上影响着大学生的思想行为价值取向，这无形中削弱了思想政治理论课的教学效果，可见大多数大学生能够作出客观公正的评价。

通过对调查结果的分析思考，著者认为，不少大学生对思想政治理论课的课程性质存在认知偏差，对思想政治理论课的认知依然停留在学习知识的层面。再结合现实课堂，著者发现，虽然一些教师对思想政治理论课的性质有着正确的认知，但是在具体的教学过程中存在着行为偏差。个别教师能够明确认识到思想政治理论课对大学生的价值引导作用，却在具体的教学过程中依然按照传授知识的方式来开展教学。

通过对调查结果的分析得出，大学生对思想政治理论课的认知受多种因素的影响，不能单纯地将思想政治理论课不受大学生重视或者思想政治理论课教学效果不佳的原因归于某一种因素，思想政治理论课现存的问题既有思想政治理论课自身的问题，也有社会环境的影响，更有人们对思想政治理论课非客观公正的评价因素。大学生对思想政治理论课教师、教学内容和教学方法的认知态度差异不大，大多数大学生都作出了积极的评价。例如，多数大学生认为思想政治理论课教师专业功底扎实、说理透彻、知识面广、思维活跃等；认为思想政治理论课教学内容是国家进行意识形态教育的，能够拓宽他们的知识面，开阔视野。

由调查结果可知，教师、教学内容和教学方法也存在一定的问题。教师存在的主要问题是重理论说教、上课缺乏激情、没有感染力；教学内容存在的主要问题是与现实结合不足、缺乏生活感、实际用途不大、理论性太强、对国家意识形态关注较多、对个人发展关注较少、有些内容拓展深度和广度不足；教学方法存在的主要问题是灌输型的理论说教模式使大学生参与度较低，教学方法单一，不能激发大学生的学习兴趣。大学生对思想政治理论课的认知差异主要体现在对思想政治理论课的满意度方面，即体现在对思想政治理论课教学内容和教师的认知上。学习态度好、经常与父母沟通、中学时期就喜欢政治、历史类课程的大学生对高校思想政治理论课评价较高，越排斥思想政治理论课的大学生对教学内容、教师的评价越差。

大学生学习成绩的好坏与其对思想政治理论课的认知态度关联不大，并非学习成绩好的大学生对思想政治理论课的评价就高，并非学习成绩好的学生的学习态度和学习投入就高，而对思想政治理论课的学习热情和学习投入受兴趣爱好和父母影响较大。

第二节　大学生对思想政治理论课的未来期待

心理定势作为一种心理准备状态，除了有认知态度，还有对事物发展的一种预判性期待，这种期待影响着人们对后继事物或活动的行为倾向和选择。本书所述研究通过调查分析来了解大学生对思想政治理论课的认知态度和未来期待，只有了解大学生的态度和期待，才能在具体的教学过程中有针对性地改善思想政治理论课教学方案。因此，本节将从大学生对思想政治理论课教学的课堂组织、教师、教学内容、教学方法、教学价值五个方面的期待展开调查，了解大学生对思想政治理论课教学的期待，提出有针对性的教学对策。

一、多数大学生希望小班授课

思想政治理论课作为高校通识课，所有大学生都要接受思想政治理论课教育。对大学生而言，该课程人数众多，规模较大；对教师而言，该课程的师资紧张。2020年1月16日发布的中华人民共和国教育部令第46号文件《新时代高等学校思想政治理论课教师队伍建设规定》中明确要求：高等学校应当根据全日制在校生总数，严格按照师生比不低于1∶350的比例核定专职思政课教师岗位。当前，思想政治理论课堂基本都以合堂大课为主，对于课堂人数规模控制在多少较为合理，从而让大学生接受起来效果比较好这一问题，很少有科学的研究。现实情况中，思想政治理论课较难同专业课一样采取小班授课。然而，大班授课由于受课堂时间和学生数量等条件限制，既不利于师生互动、讨论交流，也不利于及时解决学生思想上的疑惑，教学的针对性和实效性在一定程度上受到影响。课堂人数应该控制在什么范围，如何确定上课班级，大学生的看法也不同。从表4-9中可知，大学生多倾向于小规模授课，58.8%的大学生赞成上课班级人数控制在60人以下，认为这样便于课堂上师生互动，能让更多的同学有机会参与课堂，这与前文调查结果（多数大学生认为思想政治理论课教学存在学生参与度较低）相吻合；30.5%的大学生认为授课班级人数应控制在60～99人，这样规模不大不小，便于分组学习；只有10.7%的大学生认为班级规模在100人及以上时，便于学生交流。而在现实中，较多班级人数在100人及以上，有的高校由于师资紧张、学生多，班级规模更大，但是从本次调查结果中可以看出，这是大多数学生不希望的。

表4-9　大学生理想中的思想政治理论课教学班级规模情况

理想情况	占比
60人以下，小规模，便于课堂上师生互动，能让更多的同学有机会发言	58.8%
60～99人，规模不大不小，便于分组学习	30.5%
100人及以上，学生多更容易碰撞出智慧的火花	10.7%

关于大学生理想中的思想政治理论课教学班级规模问题，著者做了访谈，以下是学生5的回答。

学生5：我觉得思想政治理论课上的班级人数太多了，黑压压的一片，每次上课都感觉有点儿压抑，下面坐了一百多人，但只有一名老师在台上讲课，感觉老师离我们又远又陌生。课堂上学生多，就会显得比较杂乱，不是每名学生都能安安静静地听老师讲课，有看课外书的、有写作业的、有背单词的、有看电影的，总体感觉不太好，要是班级人数能少一点儿，教学效果可能会好一些，毕竟学生多了老师很难全部顾及。

针对大学生希望思想政治理论课授课班级的学生构成模式这一问题，著者也进行了调查。47.84%的大学生认为文、理、艺学生随机合班最好，这样有利于同学之间形成跨学科视野；27.94%的大学生希望文、理、艺分开，随机组合编班，他们认为这样教学更具针对性；24.22%的大学生希望由教师主导，确定班级规模，让学生自主选课组班（表4-10）。这项调查并不像著者预期的那样，以为大学生更愿意自主选择授课教师，实际上他们更希望以自己班级为单位组合授课班级。从调查结果来看，希望文、理、艺随机合班的大学生占大多数，这也体现出大学生渴望获得更广阔的视野。

表4–10　大学生理想中的思想政治课教学班级学生构成模式情况

理想情况	占比
文、理、艺随机合班，有利于同学之间形成跨学科视野	47.84%
文、理、艺分开，随机组合编班，教学更具针对性	27.94%
教师主导，确定班级规模，让学生自主选课组班	24.22%

二、希望授课教师风趣幽默，富有人格魅力

在思想政治理论课教学过程中，教师贯穿教学活动的全过程，对大学生的思想、观念、言行影响最直接。大学生希望怎样的教师从事思想政治理论课教学，对于今后的师资队伍建设更具有针对性。

从表4–11中可知，42.4%的大学生希望“风趣幽默，富有人格魅力”的教师讲授思想政治理论课。教师的人格魅力在教学中和大学生心目中占据着重要的地位，提升教师的人格魅力，是打开大学生心扉的钥匙，容易引导大学生学习思想政治理论课。28.8%的大学生希望“理论素养深厚，具有扎实的专业功底，说理透彻”的教师讲授思想政治理论课。16.5%的大学生希望教师在“分析问题时，有自己独到的见解”。10.5%的大学生认为吐槽型教师更能拉近与学生的距离。由此可知，大多数大学生对待思想政治理论课的态度比较客观，反映出新时代大学生要求进步，吸纳正能量。从调查结果而言，我们应该格外关注喜欢吐槽型教师的一类学生，虽然这类学生不多，但是可能会带来不好的影响。吐槽型教师本身也应该引起我们的注意，他们不经意的吐槽可能会在大学生心中埋下不良的种子，让大学生戴着有色眼镜看待社会问题。喜欢吐槽型教师的大学生本身对社会可能会抱有一种不满的看客心态，当他们遭遇挫折时可能采取消极的应对行为，甚至可能造成危害社会的后果。另外，还有1.8%的大学生表示对教师“没什么期待，只想考试能通过”。

表4–11　大学生对思想政治理论课教师的期待情况

期待	占比
风趣幽默，富有人格魅力	42.4%
理论素养深厚，具有扎实的专业功底，说理透彻	28.8%

表4-11（续）

期待	占比
分析问题时，有自己独到的见解	16.5%
吐槽型，容易引起学生的共鸣，能拉近与学生的距离	10.5%
没什么期待，只想考试能通过	1.8%

关于大学生对思想政治理论课教师的期待问题，著者做了访谈，以下是学生6的回答。

学生6：我希望思想政治理论课教师能幽默一点儿，还希望老师的知识渊博一点儿，最好能引导我们深入思考。

学生希望教师能将思想政治理论课所具有的理论性和严肃性内容加以调节，用教师的幽默感和个人魅力作为思想政治理论课的“调味剂”。

三、课堂参与意愿较高

大多数课堂教学都是以教师为主导、以学生为主体的活动，思想政治理论课堂教学也不例外。在课堂教学过程中，作为活动主体，大学生是否愿意主动参与到课堂教学中，可以通过观察他们如何对待老师的提问得知。

在调查中，针对“在思想政治理论课上，如果老师提出问题，您的内心感受如何？”一题，47.0%的大学生选择了“非常感兴趣，愿意去思考”，37.9%的大学生选择了“担心被抽到回答问题，被迫去思考”，10.3%的大学生选择了“漫不经心地随便想几句话应付”，4.8%的大学生选择了“不去思考，等老师或其他同学回答”（表4-12）。调查结果表明，多数大学生愿意积极参与到课堂教学活动中。

表4-12　大学生对教师在思想政治理论课上提问时的内心感受

内心感受	占比
非常感兴趣，愿意去思考	47.0%
担心被抽到回答问题，被迫去思考	37.9%
漫不经心地随便想几句话应付	10.3%
不去思考，等老师或其他同学回答	4.8%

在现实课堂上，著者也发现一部分大学生乐于回答教师的提问。通过观察发现，乐于回答问题的大学生在课堂上认真听教师讲课，一直跟随着教师的思路。在教师提问时，他们首先知道教师在问什么，然后知道从哪些方面进行思考，自然愿意回答问题。而对于那些不太愿意回答问题的大学生，通过观察发现，他们可能做着与课堂无关的事情，因为他们不知道教师在问什么，所以不愿回答或答非所问。这在一定程度上反映出部分大学生对思想政治理论课的不重视。

针对思想政治理论课堂大学生不积极、全程被动接受的现象，本书所述研究在调查问卷中设置了“当您对任课教师的观点有不同看法时，您会怎么做?”这一问题，43.33%的大学生选择“和同学交流，对教师的观点进行讨论”，27.07%的大学生选择“主动和教师交流，阐述自己的看法”，23.82%的大学生选择“查阅有关资料，自己搞清楚”，只有5.78%的大学生选择“接受教师的观点”（表4–13）。这反映出新时代大学生自我意识较强，有自己的主见，与他人观点产生分歧时不愿全盘接受他人意见，有一定的质疑精神，这与大学生愿意表达自我的性格特点相呼应。

表4–13　大学生对任课教师的观点有不同看法时的处理情况

处理方法	占比
主动和教师交流，阐述自己的看法	27.07%
和同学交流，对教师的观点进行讨论	43.33%
查阅有关资料，自己搞清楚	23.82%
接受教师的观点	5.78%

对于教学，除了课堂的师生互动，课后的师生交流也很重要。通过师生交流，教师能得到教学反馈，可以更好地开展后面的教学。但实际上，在思想政治理论课上，师生交流环节比较欠缺，这是因为：第一，大学生不知道如何与教师进行交流；第二，教师缺乏亲切感；第三，大学生有着从众心理，当大家都不跟教师交流时，认为自己去交流就显得突兀，担心其他同学说自己在与教师套近乎。这样不仅不利于大学生对课堂教学内容的理解，也不利于教师今后内容的讲授，而且没有反馈的教学很难保证教学效果。教师如何向大学生呈现亲切感，大学生如何淡化自己的从众心理，如何清除师生交流通道的障碍，这些都是值得研究的问题。

四、有生活气息的教学内容受多数大学生期待

大学生对思想政治理论课的教学内容有哪些期待？从表4-14中可以看出，大学生对“时政要闻和热点评析”“历史文化”期待较高，对“新中国成立以来的思想体系”“事关自身成长问题”“哲学原理”也有不少学生予以期待。

表4-14　大学生感兴趣的思想政治理论课教学内容占比情况

感兴趣的教学内容	占比
时政要闻和热点评析，既有生活气息，又比较接地气	61.4%
历史文化，可以系统了解中华文明	59.4%
新中国成立以来的思想体系，了解新中国的发展轨迹	42.5%
事关自身成长问题，以便更好地处理人情世故	41.8%
哲学原理，可以用思辨的眼光看待事物	39.4%

关于大学生感兴趣的思想政治理论课教学内容，著者做了访谈，以下是学生7的回答。

学生7：我一直都挺喜欢历史的，初中、高中也比较喜欢历史课，特别喜欢一些历史故事和历史人物，听说大学开设“中国近现代史纲”课程，我希望教师能系统讲解近现代史，更想深入了解不同阶段的历史背景，希望教师能讲得深入一些。

从目前开设的思想政治理论课教学课程来看，有“中国近现代史纲要”“毛泽东思想和中国特色社会主义理论体系概论”“马克思主义基本原理”“形势与政策”“思想道德与法治”。从大学生对教学内容的期待来看，他们所期待的内容在目前所开设的课程中都有涵盖，但是在具体的教学过程中，这些内容是否满足大学生的期待，在多大程度上满足大学生的期待，还有待进一步研究。将大学生对思想政治理论课教学内容的期待和需求与现实教学中思想政治理论课教学存在的问题相结合，研究如何讲授大学生想听同时能解决大学生实际问题的教学内容，是提高思想政治理论课教学吸引力和感染力的必然要求。

五、互动式教学最受期待

思想政治理论课教学具有与一般专业课教学不同之处。思想政治理论课教学承担着传授思想价值观念、道德行为规范的使命，具有理论性强的特点。在具体的讲授中，多采用教师讲、学生听的方式，这难免会使学生处于被动接受的状态，因此需改进思想政治理论课教学方法，提升思想政治理论课教学的亲和力、吸引力和针对性，让学生更好地接受思想政治理论课的教学。此外，教师上课要注意方式方法，讲求艺术性。从本书所述研究的调查结果中发现，多数大学生对思想政治理论课教学的参与意识较强，在“您希望思想政治理论课程朝哪些教学模式的方向发展?”调查中，66.9%的大学生选择了“互动式”，58.8%的大学生选择了“启发式”，此外，“情景式”“案例式”“论辩式”也比较受大学生期待，较少学生愿意接受“灌输式”“问题式”“专题式”（表4–15）。

表4–15　学生期待思想政治理论课教学模式的发展方向

方向	灌输式	专题式	互动式	启发式	论辩式	情景式	案例式	问题式
占比	12.5%	27.0%	66.9%	58.8%	43.8%	54.0%	52.9%	18.6%

关于大学生期待思想政治理论课教学模式的发展方向问题，著者做了访谈，以下是学生8的回答。

学生8：我希望课堂上还是以教师讲为主，最好让学生少讲，因为参与一次讨论或学生自己讲课，讲之前的一两周会花费很多时间。如果不参与，那么平时分就会较低，甚至直接没有平时分了。所以还是期待教师讲、学生听。

在思想政治理论课教学过程中，为了锻炼大学生和提高大学生的参与度，在课程进行过程中会组织大学生开展分组讨论、辩论或演讲等形式的活动。大多数大学生能够积极参与这些活动，但是有个别大学生认为这些活动浪费时间，占用了他们学习专业课或其他学科的时间。但实际上，即便不组织这些活动，这些大学生的时间也未必会全部用在学习上，其实质就是消极参与。

关于在思想政治理论课教学过程中组织大学生开展分组讨论、辩论或演讲等活动的看法，著者做了访谈，以下是学生9和学生10的回答。

学生9：我觉得教师讲课时多运用一些具体案例挺好的，通过分析案例，原来不太理解的内容一下就理解了，还挺有收获的。

学生10：我觉得教师针对一个论题，让学生自己准备，分组讨论后，再各自阐述自己的观点挺好的，这种方式需要我们在课下准备很多资料，看的资料多了，对问题理解也会更容易了，感觉特别有收获。

由于个体差异，大学生的需求不尽相同，找出多数大学生乐于接受的教学方式方法，尽量满足多数大学生的需求。

六、多数大学生希望思想政治理论课能提高分析和解决问题的能力

高校思想政治理论课教学的目的是引导大学生树立正确的世界观、人生观和价值观。从大学生的角度来看，他们希望思想政治理论课能为他们带来哪些价值，希望从思想政治理论课教学中得到哪些满足？

从本书所述研究的调查结果中可以看出，60.10%的大学生希望从思想政治理论课学习中能够提高“分析问题、解决问题的思维能力”，22.35%的大学生希望能够提高“灵活掌握知识的能力”，17.55%的大学生希望能够提高“将知识转化为行动的执行能力”（表4-16）。大学生树立正确的世界观、人生观和价值观的最终归宿是做一个合格的公民。通过接受思想政治理论课教育，每个个体都能忠于自己的本职工作，对自己的生活状态感到满意并有幸福感，不违背伦理道德，不违反社会规则，社会整体运行顺畅。

表4-16　大学生对思想政治理论课应该着重培养学生各方面能力的看法

看法	占比
分析问题、解决问题的思维能力	60.10%
灵活掌握知识的能力	22.35%
将知识转化为行动的执行能力	17.55%

关于大学生对思想政治理论课应该着重培养学生各方面能力的看法，著者做了访谈，以下是学生11的回答。

学生11：我也不清楚学习思想政治理论课对我们有什么用，有些同学也不怎么学思想政治理论课，可能是觉得思想政治理论课对自己的发展作用不大，尤其是对毕业找工作。虽然我不知道思想政治理论课对我们的发展有什么

作用，但是感觉国家和学校都特别重视思想政治理论课教学，既然国家和学校都这么重视，那么对我们的发展一定是有帮助的，我希望能够通过思想政治理论课学习，让自己更加了解社会，为自己的人生做好规划。

有些大学生对思想政治理论课的学习带有一定的功利心。思想政治理论课教学对大学生的影响是漫长的，很难通过某一节课或某一门课就能够让大学生脑洞大开或者对某种认知醍醐灌顶。一个人思想、思维的变化是很难量化的，既看不见，也摸不着。另外，大学生在大学校园不仅要接受思想政治理论课教育，还要接受专业课教育，参与校园文化生活、社会实践，单纯让思想政治理论课教育对大学生思想道德品质有很大改善和提高是不实际的，也是不客观的。思想政治理论课不能作为毕业后就业的敲门砖，但是正确对待思想政治理论课，认真接受思想政治理论课教育，在走入社会后可能会让大学生少走弯路。例如，思想政治理论课会告诉大学生诚实守信是做人的根本，无论社会如何发展，大学生都要坚守诚实守信。思想政治理论课告诉大学生，对待任何事情都要学会用辩证的思维去看待，这样在处理事情时不容易偏激。了解了大学生对思想政治理论课的功利化期待，在具体的思想政治理论课教学中，教师应该注意引导学生正确看待思想政治理论课的价值。

从上述分析中得出，大学生对思想政治理论课有着向上向好的期待，不是学校安排了，学生按部就班地进教室听课就可以，而是学生有着自己的提升要求和想法，这主要体现在对思想政治理论课教师的期待、对教学内容的期待、对课堂参与的期待、对教学方法的期待，以及对自身能力的期待等，希望在思想政治理论课上能够有所收获。通过调查结果得出，大多数大学生期待小班授课，这主要是由于当前大班合堂授课，学生受到的关注较少，不利于有效管理课堂。大学生期待风趣幽默、富有人格魅力，以及专业知识扎实、说理透彻的教师上课，这是由于思想政治理论课自身客观存在的理论性、严肃性，大学生希望通过教师对此加以协调。现实中，思想政治理论课教师在一定程度上面临着师资力量紧张的情况，而能把课讲得学生愿意听的好教师更是稀缺，因此，这样的教师成为大学生最期待的教师。对于思想政治理论课的教学内容，大学生对学习中华传统文化和时政要闻怀有较大的期待，这既体现出新时代大学生对中华民族文化的热爱，也反映出大学生对当下社会发展的关注。大学生对思想政治理论课教学方法的期待主要集中在互动式教学和启发式教学方法上，这体现出新时代大学生有积极参与课堂教学的意愿。满足大学生的参与意愿，进而激发大学生学习思想政治理论课的兴趣，是提高思想政治理论课教学效果的必然条件。大学生对思想政治理论课的价值期待主要体现在通过思想政治理论课学习，能够提高他们分析问题、解决问题的思维能力。思维方式影响着行为倾向，思想政治理论课教学的最终目标是提升大学生的思想认知和道德认知，这些都属于思维能力范畴。大学生的价值期待和思想政治理论课教学的目标追求一致，如何满足大学生的价值期待需要思想政治理论课教师不断进行探索和挖掘。

第五章　新时代大学生思想政治理论课心理定势的影响因素分析

通过数据交叉分析发现，对大学生思想政治理论课心理定势影响较大的因素主要有所属学科、家庭背景、中学时期的学习状况三个方面。而性别、文化背景（包括学习成绩）、课余生活、互联网等在大学生思想政治理论课心理定势方面的影响不是很明显。

第一节　不同学科大学生对思想政治理论课的认知与期待差异

一个人受所学学科影响，在认知和看待事物时往往会呈现出差异。大学生对思想政治理论课的认知与期待也因其所学学科不同而呈现出差异。

一、不同学科大学生对思想政治理论课的认知差异

由图5-1可知，不同学科大学生对现行思想政治理论课教学的满意度排名由高到低的顺序是艺术体育类（44.7%）、理工科（39.8%）、文科（25.4%）；其中，文科大学生对思想政治理论课的满意度最低，多数文科大学生（63.8%）对思想政治理论课教学的满意度为“一般”。思想政治理论课作为文科通识课，文科生反而满意度最低，这从某种程度上来说，可能是文科生对思想政治理论课的教学要求和期待更高而没能得到满足所致。

关于不同学科大学生对现行思想政治理论课教学的满意度问题，著者做了访谈，以下是一名新闻学专业学生的回答。

学生（新闻专业）：觉得教师对问题的讲解有些浅显，没能彻底解开我的

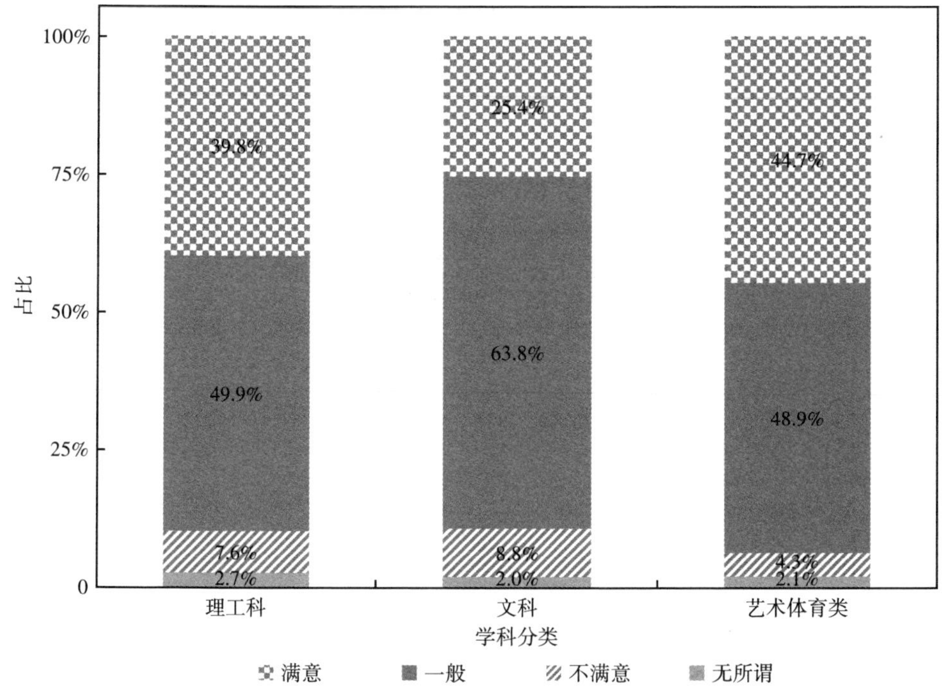

图5-1　不同学科大学生对现行思想政治理论课教学的满意度

注：答题人数为1020人。

疑惑，所以有的时候不想听课，而会在网上搜一些相关资料自己看，但由于自己理解水平有限，网上资料有时可能会看不懂，所以挺矛盾的。

从这名大学生的谈话中可以看出，在思想政治理论课上，教师的讲解没能满足他的需求，他感觉课堂上讲的内容浅显，缺乏深度解读。由于思想政治理论课教授的大学生具有多元化的特点，所以一般采取大班合堂授课或文、理、艺合班授课。若教师讲深了，则理工科大学生吃不消；若教师讲得浅显了，则文科大学生不能深刻理解问题。同时，不乏个别教师自身知识积累不足，或讲解不透彻、无法深刻讲解等，都会影响大学生的满意度。

此种情况在组建授课班级时应引起注意。怎样的合班模式既能利于大学生听课效果，又能满足大学生便于交流、开阔视野的需求，这需要在教学过程中进行考察调研，不可图便捷将授课班级由教务系统随机混编。

大多数大学生认为，学习思想政治理论课对他们的价值判断有一定影响。由图5-2可知，60.3%的文科大学生、55.7%的理工科大学生、51.1%的艺术体育类大学生会对思想政治理论课所学知识与生活经验进行综合考虑后，再进行价值判断；40.4%的艺术体育类大学生、30.0%的理工科大学生、24.8%的文科大学生认为思想政治理论课学习对价值观判断影响很大。文科大学生本就接触众多人文社科知识，有些知识是相通的，他们可能在不同领域的人文社科知识学习中或多或少地接受了思想政治理论课的类似知识，因此，当思想政治理论课被单独划分出来时，对文科大学生在价值判断上的影响度小于艺术体育类和理工科大学生是合理的。

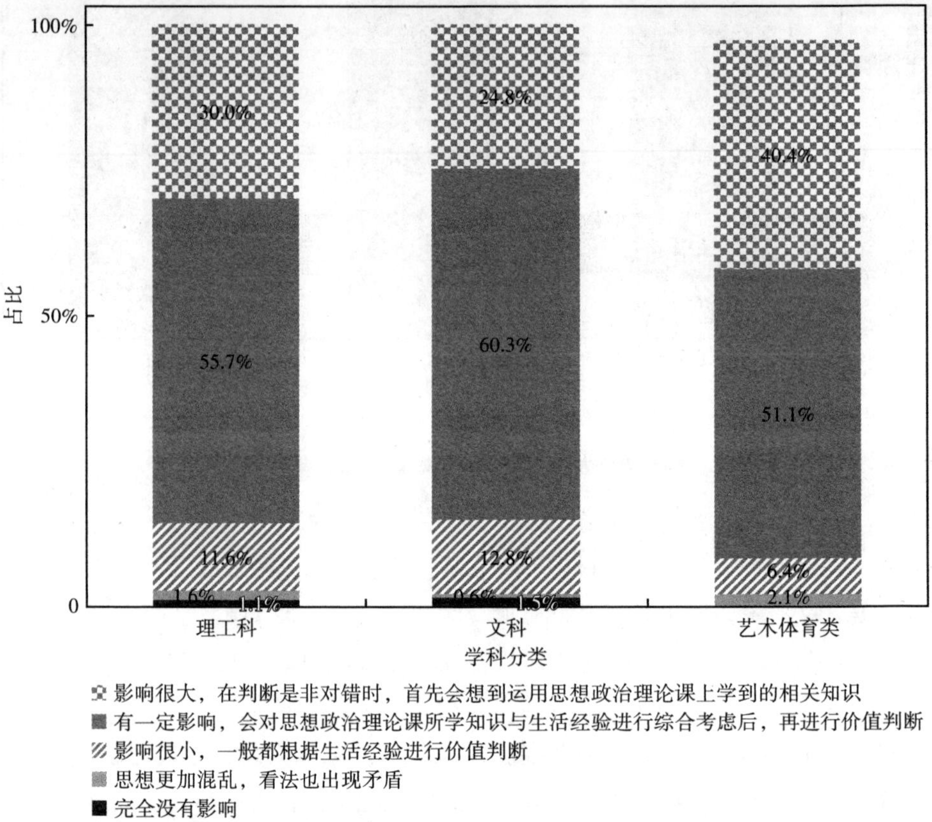

图5-2　不同学科大学生对学习思想政治理论课在其价值判断上影响的看法

注：答题人数为1020人。

由图5-3可知，在思想政治理论课课前预习方面，不同学科大学生的共同点在于：如果时间充裕会提前翻看一下（艺术体育类48.9%、文科43.4%、理工科37.6%）；选择“不预习，上课认真听”，以及“不预习，课堂随便听一下”，不同学科大学生呈现出略微差异（艺术体育类17.0%和4.3%，文科26.8%和17.2%，理工科25.2%和19.8%）。由此可以看出，各学科大学生会在课前预习思想政治理论课的学生不多，对思想政治理论课的前期学习投入较少。在思想政治理论课课前进行预习的大学生比例分别为艺术体育类29.8%、理工科17.4%、文科12.6%。在思想政治理论课开课前，艺术体育类大学生似乎更积极，其次是理工科大学生，文科大学生较艺术体育类和理工科大学生而言，积极性和主动性相对较弱。

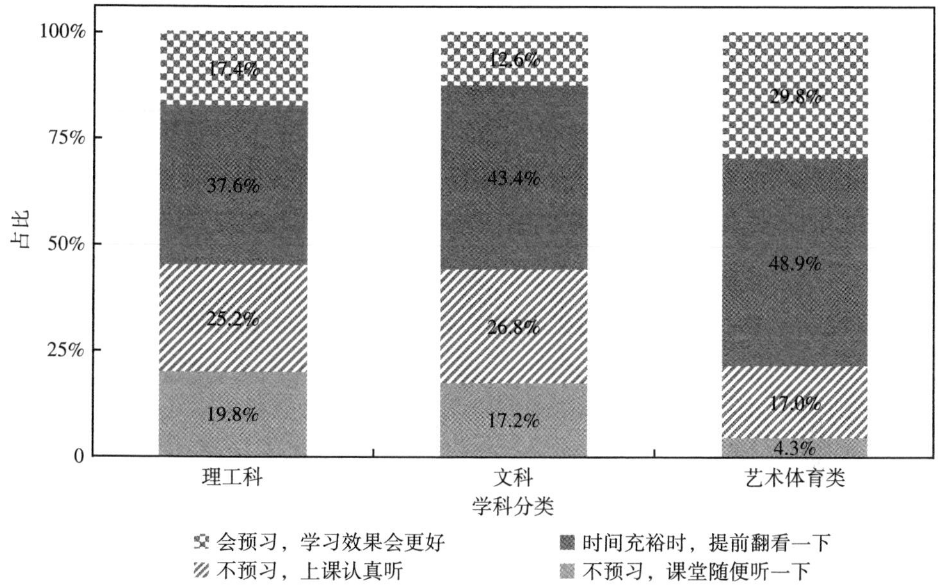

图5-3 不同学科大学生在上思想政治理论课之前，对将要学习内容的预习情况

注：答题人数为1020人。

关于不同学科大学生在上思想政治理论课之前，对将要学习内容的预习情况问题，著者做了访谈，以下是一名音乐学专业学生的回答。

学生（音乐学专业）：我听学长说我们专业的学生最容易挂科的课程就是思想政治理论课，尤其是“毛泽东思想”“中国特色社会主义理论体系概论”两门课程。我特别害怕期末挂科，所以课堂上我会积极发言，虽然有时说得不好，但是只要发言，老师就会给平时分。这样，期末考试成绩考得不好的话，平时成绩高了，也能把总评成绩提上去。

将此调查结果和平时课堂真实情况相结合，之所以会出现思想政治理论课课前预习比例排名由高到低依次为艺术体育类、理工科、文科，在一定程度上是因为艺术体育类大学生更担心思想政治理论课考试挂科，而文科类各学科知识相通的事实使文科大学生对于思想政治理论课的考试通过率相较于其他专业更自信一些。而事实上也是如此，思想政治理论课的挂科率排名由高到低依次为艺术体育类、理工科、文科。

在对思想政治理论课教学内容的认知方面，多数大学生认为思想政治理论课教学内容基本联系实际，但是在认为思想政治理论课教学内容“空泛、讲大道理，在一定程度上脱离实际”的大学生中，文科大学生的占比最高，为27.4%；其次是理工科大学生，为23.0%；艺术体育类大学生占比最低，为12.8%（图5-4）。

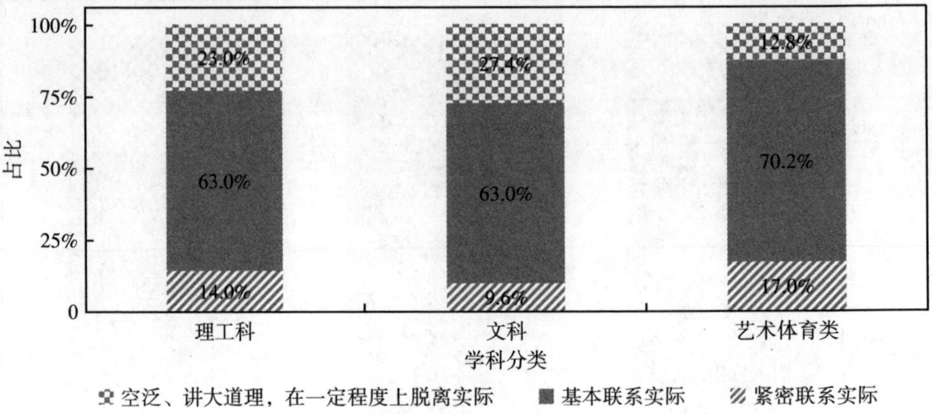

图5-4　不同学科大学生对思想政治理论课教学内容的看法

注：答题人数为1020人。

在当前思想政治理论课教学方法存在的问题中，大学生普遍的观点是思想政治理论课教学方式是一种“灌输型的理论说教模式，学生参与度较低”思想政治理论课“教学方式陈旧、单一，不能激发学生的学习兴趣”。在上述认知中，文科大学生占比最高（73.5%，60.1%），其次是理工科大学生（63.8%，43.5%），艺术体育类大学生占比相对低一些（51.1%，42.6%），见图5-5。调查数据显示，文科大学生对思想政治理论课教学方法存在的问题反映更突出。

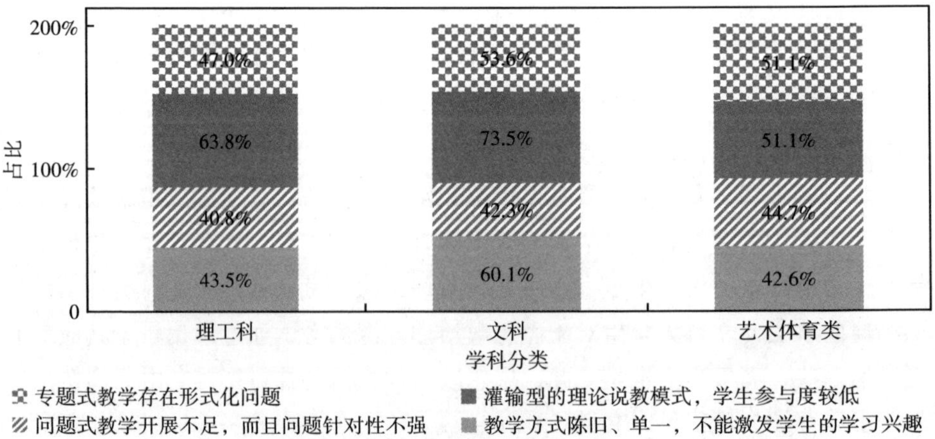

图5-5　不同学科大学生对思想政治理论课教学方法存在主要问题的看法

注：答题人数为1020人。

二、不同学科大学生对思想政治理论课的期待差异

由图5-6可知，不同学科大学生对思想政治理论课班级规模的期待中，大多数希望能进行小规模授课，其中艺术体育类大学生对小规模授课的期待度最高（74.5%），其次是文科大学生（64.1%），最后是理工科大学生（54.8%）。

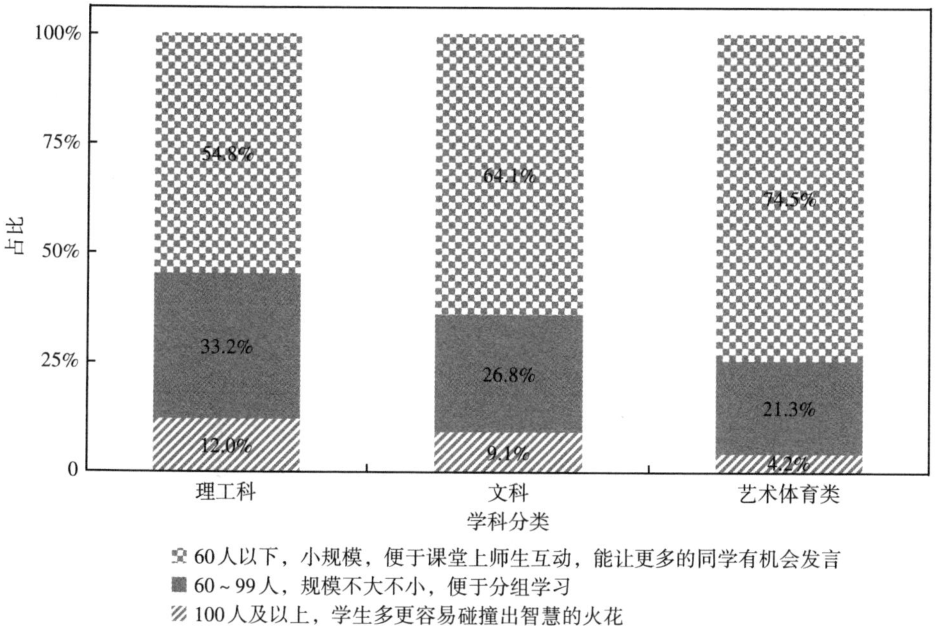

图5-6　不同学科大学生对理想教学班级规模的看法

注：答题人数为1020人。

结合思想政治理论课的课堂实际，其多为大班教学，有的高校会专门把艺术体育类大学生单独合班教学，但有的高校会无区别地随机合班教学。由于不同学科对大学生的培养目标不同，艺术体育类大学生文化课水平要求相对低一些，因此，在思想政治理论课学习中，如果和其他专业大学生（尤其是文科大学生）一起上课，他们会感觉到课程难度较大，存在接受困难的情况。但是在具体授课过程中，授课教师一般不会刻意为了让艺术体育类大学生能听懂而降低授课难度，加之思想政治理论课的教学内容天然具有理论性强、政治性强的客观实际，会使艺术体育类大学生在课堂上有被疏离之感，所以他们更渴望小班授课，找到归属感和存在感。这在思想政治理论课学生构成的理想模式中得以体现：44.7%的艺术体育类大学生建议文、理、艺分开授课，使教学更具针

对性，相比之下理工科大学生占比为28.9%，文科大学生占比为23.9%；54.8%的文科大学生、46.0%的理工科大学生、21.3%的艺术体育类大学生建议文、理、艺随机合班；34.0%的艺术体育类大学生、25.1%的理工科大学生、21.3%的文科大学生建议学生自选组班。

在思想政治理论课教学过程中，当对任课教师的观点有不同看法时，40.4%的艺术体育类大学生选择主动和教师交流，阐述自己的观点，相比之下理工科大学生为27.5%，文科大学生为24.5%。由此看出，艺术体育类大学生希望在思想政治理论课上得到更多的关注。例如，如果教师在思想政治理论课上提问，51.1%的艺术体育类大学生选择“非常感兴趣，愿意去思考”，相比之下理工科大学生占比为50.5%，文科大学生占比为39.9%；46.4%的文科大学生选择“担心被抽到回答问题”，而理工科大学生占比为33.8%，艺术体育类大学生占比为31.9%。这和学生担心挂科的心理有很大关系，上文已做分析。

第二节　中学时期对大学生思想政治理论课认知与期待的影响差异

根据定势理论，由于人们受思想和行为的定势影响，前一时期的思想认知和行为倾向在很大程度上影响着后续的思想认知和行为倾向。学生在上大学之前学习过思想品德之类的课程，进入大学之后，上这门课之前，就会用中学时的眼光来看待问题，以为大学里的思想政治理论课与中学的思想品德课相差无几。大学生对高校思想政治理论课的认知与期待深受中学时期影响，从对中学时期政治、历史类课程的不同学习态度和认知中形成了对高校思想政治理论课的认知与期待差异。这些认知与期待差异主要集中于对思想政治理论课的态度、学习投入和教学内容方面。

一、中学时期的认知对大学生思想政治理论课认知的影响差异

中学时期学生对政治、历史类课程的看法会对高校思想政治理论课的态度和看法产生较大的影响。进入大学后，中学时期喜欢或重视政治、历史类课程

的学生对高校思想政治理论课的满意度高于中学时期认为政治、历史类课程一般或不喜欢的学生。从图5-7中可知，在中学时期认为政治、历史类课程“有意思，内容丰富，课堂生动有趣，很受用”的学生，在进入大学后，他们中有50.0%的人对现行的思想政治理论课感到满意；而在中学时期认为政治、历史类课程“跟其他课程一样，是考试课，都参加中考和高考”“都是副科，不重要”“都是说教理论，枯燥无味”的学生，在进入大学后，对高校思想政治理论课的满意度（分别为21.0%，26.2%，16.8%）明显低于前者。而认为中学政治、历史类课程“都是说教理论，枯燥无味”的学生，对高校思想政治理论课最为不满，占比为22.1%。从这些调查数据中可以看出，学生在中学时期对政治、历史类课程的态度明显影响着他们进入大学后对思想政治理论课教学的态度。因此，加强中学时期政治、历史类课程教育，使学生真心喜欢、愿意接受，能够为学生升入大学后正确对待高校思想政治理论课，进而喜欢思想政治理论课奠定一定的情感基础。

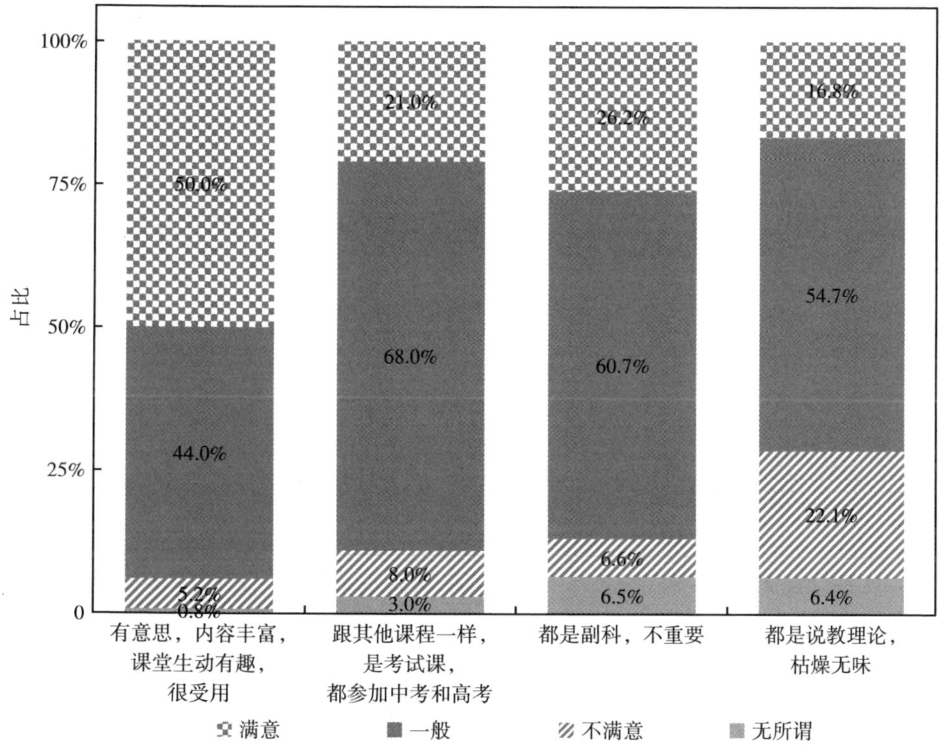

图5-7　学生对中学时期开设政治、历史类课程的看法与其对高校现行思想政治理论课教学态度之间的关联情况

注：答题人数为1020人。

从图5-8中可知，中学时期喜欢或重视政治、历史类课程的学生在高校学习思想政治理论课后，其价值判断受思想政治理论课影响较大的学生占比为41.5%，相对高于认为中学政治、历史类课程一般（20.1%）和不喜欢或不重视（18.6%）的学生。中学时期喜欢或重视政治、历史类课程的学生受课堂学习氛围影响比例（64.3%）高于认为中学时期政治、历史类课程一般或不喜欢的学生比例（分别为49.4%，44.3%），这说明在中学时期喜欢和重视政治、历史类课程的学生在高校思想政治理论课学习中更容易受学习氛围的影响。在调查结果中，中学时期喜欢或重视政治、历史类课程的学生周围的同学对待思想政治理论课学习较为认真的比例（32.6%），略高于认为一般或不喜欢的学生周围同学的比例（分别为16.2%，18.6%）。中学时期不喜欢政治、历史类课程的学生周围的同学不认真学习思想政治理论课的比例较高（48.6%），喜欢政治、历史类课程的学生周围的同学不认真学习思想政治理论课的比例相对偏低（23.4%）。

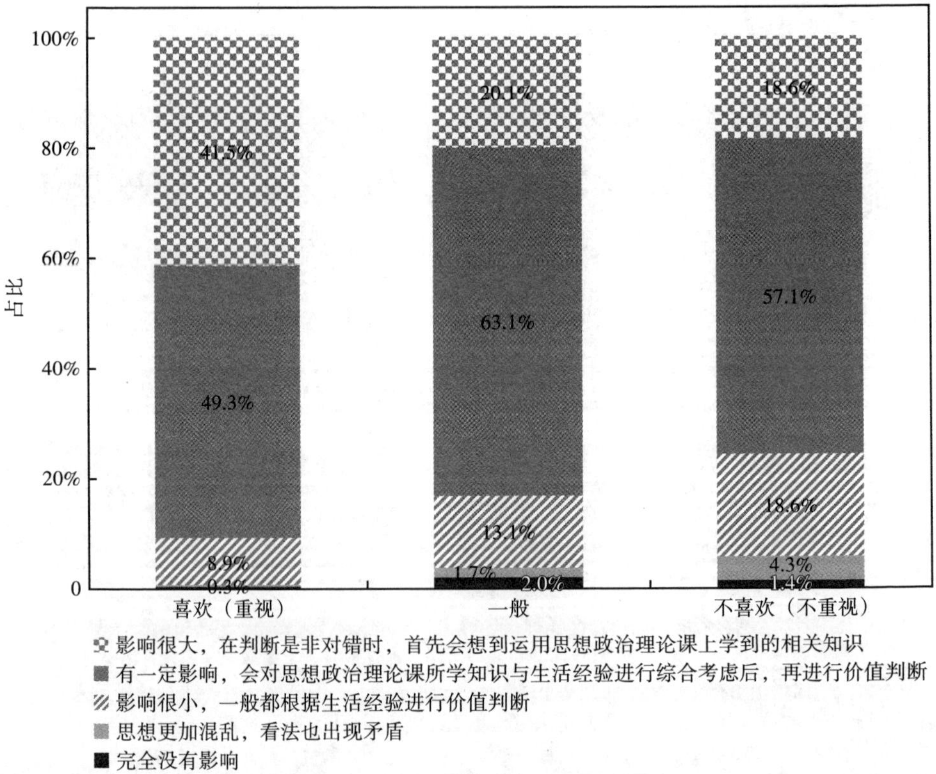

图5-8　学生在中学时期对政治、历史类课程的态度与在高校学习思想政治理论课对其价值判断产生影响之间的关联情况

注：答题人数为1020人。

从图5–9中可知，在中学时期认为政治、历史类课程有意思的学生中，有50.8%的学生认为思想政治理论课对自己有一定影响，有41.2%的学生认为影响很大；而在认为中学政治、历史类课程是考试课、是副科、枯燥无味的学生中，认为思想政治理论课学习对自己影响很大的学生比例（分别为16.6%，16.4%，16.8%）远低于认为中学政治、历史类课程有意思的学生比例；在认为中学政治、历史类课程是考试课、副科、枯燥无聊的学生中，认为思想政治理论课对自己影响很小的学生比例并不小（分别为13.6%，26.2%，20.0%）。由此得出，中学时期对政治、历史类课程的认知也影响着学生进入高校接受思想政治理论课的实效。中学时期更喜欢政治、历史类课程的学生在升入大学后，将接受到的思想政治理论课教学内容用以指导自己的现实价值判断占比更大。

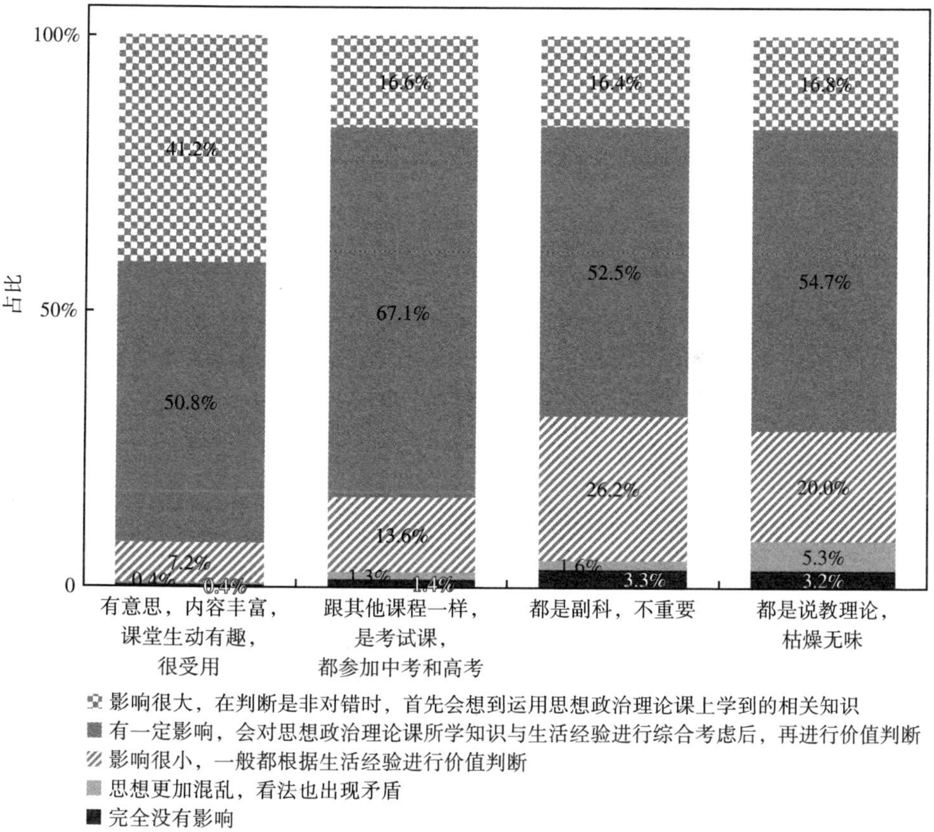

图5–9　学生对中学时期开设政治、历史类课程的看法与学习思想政治理论课对其价值判断产生影响之间的关联情况

注：答题人数为1020人。

中学时期认为政治、历史类课程有意思、很受用的学生，在进入大学后，对思想政治理论课的投入也相对较高。由图5-10和图5-11可知，有51.0%的学生会向学长打听即将开设的思想政治理论课，以便有利于日后安排学习计划，有27.1%的学生会预习，有41.8%的学生时间充裕时会预习。而在中学时期认为政治、历史类课程是考试课、副科、枯燥无味的学生中，不会在开课前向学长打听相关课程信息的学生所占比例分别为16.6%，23.0%，31.5%，且提前预习学习内容的学生偏少。在认为中学时期的政治、历史类课程是考试课的学生中，会提前预习的占比5.5%；在认为中学时期的政治、历史类课程是副科的学生中，有4.9%的学生会提前预习；在认为中学时期的政治、历史类课程枯燥无味的学生中，有7.4%的学生会提前预习。在对中学时期的政治、历史类课程的不同评价中，“不预习，上课认真听”的学生比例差异不大，但“不预习，课堂随便听一下”的学生差异较大。在认为中学时期的政治、历史类课程有意思的学生中，不预习的占9.0%；在认为中学时期的政治、历史类课程是考试课的学生中，有23.8%的学生不预习；在认为中学时期的政治、历史类课程是副科的学生中，有34.4%的学生不预习；在认为中学时期的政治、

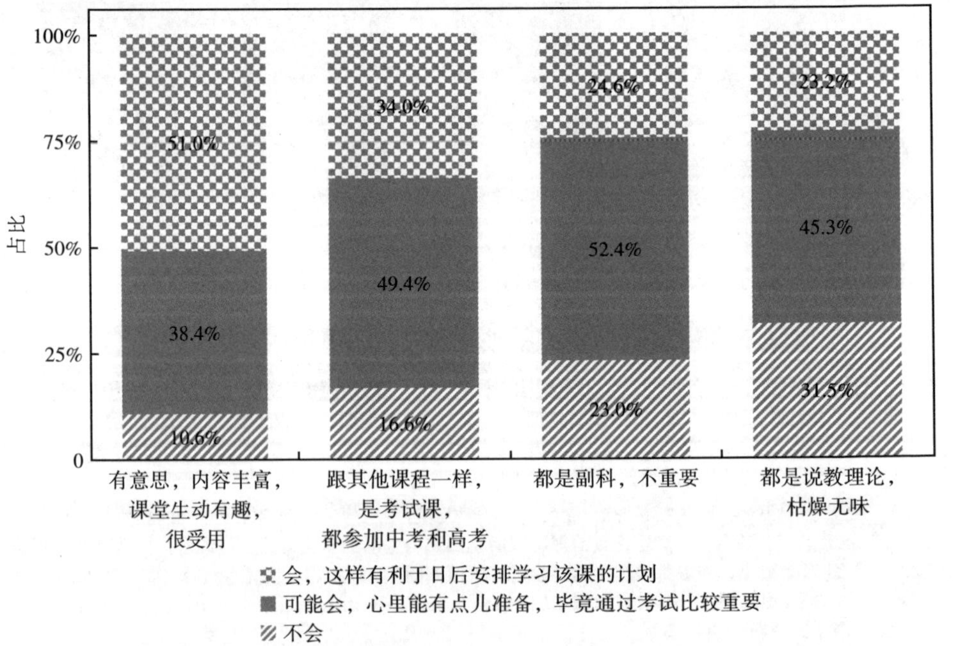

图5-10　学生对中学时期开设政治、历史类课程的看法与其上思想政治理论课之前是否会向学长打听相关课程之间的关联情况

注：答题人数为1020人。

历史类课程是枯燥无味的学生中，有35.8%的学生不预习。由上述数据对比可知，学生中学时期对政治、历史类课程的投入态度影响着其大学时期对思想政治理论课的学习投入，符合教育心理学中的学习迁移。中学时期喜欢或重视政治、历史类课程学习的学生，在进入大学后，对即将开设的思想政治理论课的主动性会更强一些。例如，多数学生会提前向学长打听相关课程信息，在思想政治理论课前也会预习将要学习的内容。在本次调查中，中学时期不喜欢政治、历史类课程的学生不预习的比例（42.9%）远高于中学时期喜欢政治、历史类课程的学生比例（12.1%）。在高校思想政治理论课学习中，中学时期认为政治、历史类课程一般或不喜欢政治、历史类课程的学生的积极性相对低于喜欢的学生。

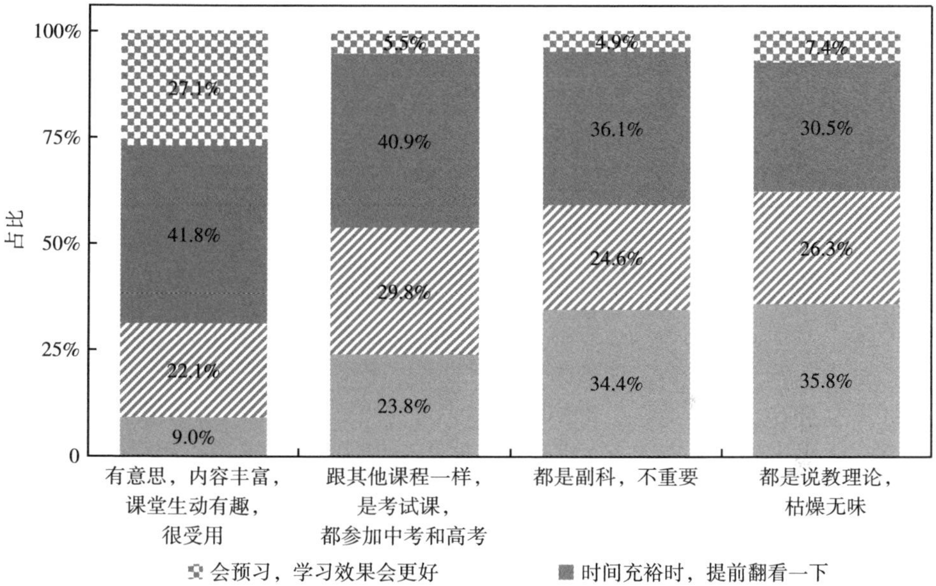

图5-11　学生对中学时期开设政治、历史类课程的看法与其上思想政治理论课之前是否预习之间的关联情况

注：答题人数为1020人。

此外，从调查结果中还可以看出，中学时期认为政治、历史类课程“都是说教理论，枯燥无味”的学生，在进入大学以后，认为高校思想政治理论课“空泛、讲大道理，在一定程度上脱离实际”所占比例（49.5%）远高于其他学生，而其他学生在这一选项的占比为20.0%左右。可见，中学时期的认知在很大程度上影响着学生对大学时期的认知。

二、中学时期对大学生思想政治理论课期待的影响差异

中学时期对大学生思想政治理论课期待的影响差异主要体现在对教师的期待、与教师观点不一致时的表现、课堂提问时的表现、对教学内容的期待四个方面，其他方面的差异不明显。在中学时期对政治、历史类课程比较喜欢或重视的学生，在思想政治理论课教学内容上也比较倾向于中华历史文化（72.5%）和时政要闻（61.6%）；在中学时期对政治、历史类课程感觉一般或不喜欢的学生，对高校思想政治理论课教学内容多倾向于“时政要闻”和“事关自身成长问题”。著者认为，对于前者即在中学时期喜欢政治、历史类课程的学生而言，对高校思想政治理论课教学内容的期待倾向可能由于爱好所需。在中学时期不喜欢或认为政治、历史类课程一般的学生在进入大学后，对思想政治理论课教学内容的期待倾向可能更多是由于自身成长的需要。通过对调查结果的交叉分析得出，中学时期喜欢政治、历史类课程的学生（56.8%）更多认为高校思想政治理论课教学内容“更丰富深刻”，不喜欢的学生（51.4%）则更多认为高校思想政治理论课“没有专业课重要，就是为了拿学分毕业”。这种对思想政治理论课教学内容的认知偏差，使得他们在学习思想政治理论课过程中的状态也呈现出较大的差异。

从本次调查中得知，那些在中学时期就比较喜欢或重视政治、历史类课程的学生，即认为政治、历史类课程比较有意思，学习政治、历史类课程时会联系生活实际去理解的学生，在高校思想政治理论课的前期学习投入、课堂投入及对思想政治理论课的期待方面更为积极。当然，一个客观存在的现象是，在中学时期就喜欢政治、历史类课程的学生，认为政治、历史类课程有意思的学生，以及联系生活实际来理解与记忆政治、历史类课程学习内容的学生，他们中很多都是重叠的，即在喜欢政治、历史类课程的学生中，大多数认为政治、历史类课程有意思，他们在学习中会结合现实生活来理解与记忆。这类学生在高校思想政治理论课的学习中态度更为积极主动。例如，在关于开课前是否向学长打听即将开设的思想政治理论课的相关信息，以及上思想政治理论课是否会提前预习的调查中，在中学时期喜欢政治、历史类课程的学生中，有61.0%选择会打听、39.4%选择会预习；认为中学政治、历史类课程有意思的学生中，有51.0%选择会打听、41.8%选择会预习；在中学时期上政治、历史类课程会联系实际生活理解与记忆的学生中，有51.4%选择会打听、44.5%选择会

预习。与此形成对比的是，中学时期不喜欢政治、历史类课程的学生，认为教学内容枯燥无味的学生，以及平时不怎么学考试靠生活经验编的学生，在是否提前打听或是否预习的选择上则呈现出很大的差异。不喜欢政治、历史类课程的学生中，有30%选择会打听、12.9%选择会预习；认为教学内容枯燥无味的学生中，有23.2%选择会打听、4.9%选择会预习；中学时期不怎么学政治、历史类课程，考试靠编的学生中，有12.5%选择会打听、6.4%选择会预习。学生在中学时期对政治、历史类课程的学习态度和习惯严重影响着进入高校后学习思想政治理论课的态度和习惯。在中学时期，对政治、历史类课程积极投入的学生，在进入高校后，对思想政治理论课学习也会积极投入。这种现象的发生，受人的心理定势影响。人们在面临新的问题和情境时，总是试图用原有的图式同化目前面临的问题和情境，即总想用自己已形成的认知定势去解决现有问题，而这种定势一旦形成，很难改变。这种定势包括积极定势和消极定势，它不仅影响当前问题的解决，也影响随后的行为倾向。积极定势对随后的行为倾向有推动作用，消极定势则对随后的行为倾向有阻碍作用。

当在课堂上与教师观点不一致时，中学时期喜欢或重视政治、历史类课程的学生中有37.4%选择“主动和教师交流，阐述自己的看法”，不喜欢的学生中则有19.4%选择“主动和教师交流，阐述自己的看法”。思想政治理论课课堂上如果教师提问，中学时期喜欢或重视政治、历史类课程的学生中有61.1%选择“非常感兴趣，愿意去思考”；不喜欢的学生中有25.7%选择“非常感兴趣，愿意去思考”，另有45.7%的学生选择“担心被抽到回答问题，被迫去思考”，以及有17.1%的学生选择“漫不经心地随便想几句应付”。而中学时期喜欢或重视政治历史类课程的学生中有28.5%选择“担心被抽到回答问题，被迫去思考”、2.7%选择“漫不经心地随便想几句应付”。当在课堂上与教师观点不一致时，认为中学政治、历史类课程内容有意思的学生中有37.3%选择“主动和教师交流，阐述自己的看法”，而认为中学政治、历史类课程内容枯燥无味的学生中仅有13.1%选择“主动和教师交流，阐述自己的看法”。在思想政治理论课上，如果教师提问，认为中学政治、历史类课程内容有意思的学生中有64.1%选择“非常感兴趣，愿意去思考”，有26.3%选择“担心被抽到回答问题，被迫去思考”；而认为中学政治、历史类课程内容枯燥无味的学生中有24.2%选择“非常感兴趣，愿意去思考”，另有50.5%的学生选择“担心被抽到回答问题，被迫去思考”。中学时期学习政治、历史类课程时经常联系实际生活理解记忆的学生中有64.2%选择“非常感兴趣，愿意去思考”，他们在对教师观点产生不同意见时，有39%的学生愿意“主动和教师交流，阐述自己的看法”。中学时期对政治、历史类课程上课认真听，课后认真背知识点的学生中有44.5%选择“非常感兴趣，愿意去思考”；平时课上随便听听，考前背背的学生中有27.7%选择“非常感兴趣，愿意去思考”；上课不怎么学，考试靠生活经验编的学生中有9.4%选择“非常感兴趣，愿意去思考”，这类学生中有59.4%选择了“担心被抽到回答问题，被迫去思考”，他们在课堂上与教师观点不一致时选择“主动和教师交流，阐述自己的看法”占比为16%左右。上述调查结果得出，中学时期喜欢或重视政治、历史类课程的学生，认为政治、历史类课程教学内容有意思的学生，以及学习政治、历史类课程能自觉与现实生活相结合的学生，在进入高校后，对思想政治理论课课堂学习更为主动和积极。

第三节　价值取向对大学生思想政治理论课认知与期待的影响差异

兴趣是最好的老师，人如果对某一事物有了兴趣，就能从该事物中找到乐趣并愿意为之投入精力。在调查中，我们发现，大学生平时对国内外政治、社会民生等问题的关注度对思想政治理论课的认知与期待有较大的影响。

一、价值取向对大学生思想政治理论课的认知影响差异

调查结果显示，经常关注国内外政治、社会民生的大学生在中学时期就比较喜欢和重视政治、历史类课程的学习。在“您平时关注国内外政治、社会民生等问题吗?”调查中，选择“经常关注”的大学生中，有61.5%在中学时期就比较重视和喜欢政治、历史类课程；选择“有时关注”和“很少关注”的大学生中，分别有58.5%和63.3%对中学时期的政治、历史类课程感觉一般。人的喜好是具有连贯性的，因此，学生在中学时期的喜爱往往影响着大学时期的偏好，并有可能持续终身。经常关注国内外政治、社会民生的大学生在“您认为中学时期开设的政治、历史类课程怎么样?”调查中，有61.9%的大学生认为中学的政治、历史类课程“有意思，内容丰富，课堂生动有趣，很受用”，

而有时关注和很少关注的学生选择这一选项的比例分别为47.1%和30.8%。在“您中学时是如何学习政治、历史类课程的?”调查中，经常关注国内外政治、社会民生的大学生中，有47.2%选择了“联系生活实际理解记忆，有时也会将学到的知识运用于现实生活中”；有时关注的大学生中有24.7%选择了“平时随便听一听，临考前背一背”，很少关注的大学生中选择这一选项的占比为35.5%，而经常关注的大学生中选择这一选项的占比为2.6%。经常关注国内外政治、社会民生的大学生在中学时期学习政治、历史类课程的态度比有时关注和很少关注国内外政治、社会民生的大学生更为积极。在“您对中学政治、历史类课程的看法让您对高校思想政治理论课产生了怎样的看法?”调查中，经常关注国内外政治、社会民生的大学生中有47.9%选择“高校思想政治理论课内容会更丰富深刻”，而有时关注和很少关注的大学生选择这一选项的占比分别为26.5%，24.3%；有时关注和很少关注的大学生认为高校思想政治理论课不如专业课重要，就是为了拿学分毕业的占比分别为29.6%和41.1%，而经常关注的大学生选择这一选项的占比为13%。调查结果显示，经常关注国内外政治、社会民生的大学生对思想政治理论课学习更为积极乐观。

在本书所述研究的调查结果中，经常关注国内外政治、社会民生的大学生中有72.1%认为互联网拓展了知识视野，提升了自己的价值判断力；有时关注（54.8%）和很少关注（54.2%）的大学生则认为互联网是了解社会的一种渠道，对自己价值观影响不大。当大学生发现互联网上传播了错误的思想观点时，大多数大学生都能做到不受错误思想影响，独立保持理性思辨（经常关注占比64.2%、有时关注占比79.0%、很少关注占比67.3%），经常关注（32.1%）、有时关注（12.3%）、很少关注（8.4%）的大学生选择“在网上正面发声、伸张正义”。经常关注国内外政治、社会民生的大学生在互联网上也会更积极活跃。由于现代互联网盛行的某些错误观点具有较强的隐蔽性和迷惑性，高校学生既是网络新媒体的受众，也是改善网络生态的重要力量。要鼓励大学生利用所知所学，正面发声、理性思辨，唱响网上好声音，传播网络正能量，澄清是非、伸张正义，不做沉默的大多数。

在“您对现行的思想政治理论课教学满意吗?”调查中，经常关注国内外政治、社会民生的大学生中有46%认为“满意”，而有时关注（58.3%）和很少关注（56.1%）的大学生认为“一般”。经常关注国内外政治、社会民生的大学生比有时关注或很少关注的大学生对现行思想政治理论课教学的满意度要高，而经常关注的大学生受思想政治理论课影响较大，其比例（45.7%）也相对高于有时关注（23.9%）和很少关注（15.9%）的大学生。思想政治理论课课堂学习氛围对是否经常关注国内外政治和社会民生的大学生的影响也不同。认为思想政治理论课学习氛围对自己“有影响，活跃的课堂我也愿意积极参与，沉闷的课堂我也不想学”的大学生当中，有67.7%经常关注国内外政治、社会民生，51.7%有时关注，42.1%很少关注。由此得出，经常关注国内外政治、社会民生的大学生更容易受周围学习氛围的影响。经常关注国内外政治、社会民生的大学生中有34.7%选择“大多数同学都认真学习”，有时关注和很少关注的大学生选择这一选项的占比分别为20.1%，12.2%；选择“认真学的同学少，多数同学都是为了应付考试”选项中，经常关注国内外政治和社会民生的大学生占比为25.7%，很少关注的占比为41.1%；而有时关注的大学生则有54.3%选择了“有的同学认真学，有的同学不好好学，各占一半”（图5-12）。可以看出，经常关注国内外政治、社会民生的大学生的周围同学和朋友学习思想政治理论课的氛围，较有时关注和很少关注的大学生的学习氛围稍好，这是一种良性循环。

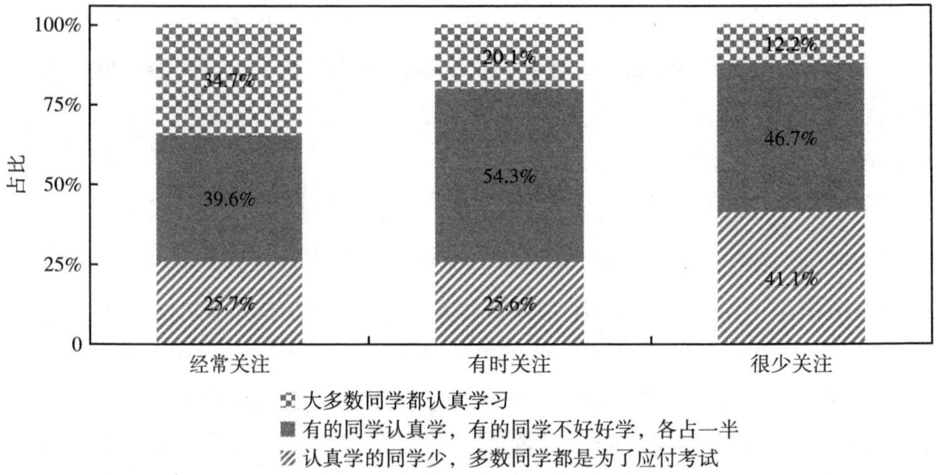

图5-12　大学生平时是否关注国内外政治、社会民生与其身边同学和朋友对思想政治理论课态度之间的关联情况

注：答题人数为1020人。

思想政治理论课课前，学生的准备和投入状况在经常关注国内外政治、社会民生的大学生和有时关注或很少关注的学生之间也存在着不小的差异。例如，在“上思想政治理论课之前，您会向学长打听即将开设的课程是否有意思或考试是否容易通过吗?”调查中，经常关注国内外政治、社会民生的大学生中有52.8%选择会打听，有时关注的大学生中有38.0%选择会打听，很少关注的大学生中则只有28.1%选择会打听；经常关注的大学生中有12.5%选择不会打听，有时关注中有14.5%，很少关注中有28.0%；有时关注和很少关注的学生多集中选择可能会（图5-13）。在上思想政治理论课之前提前预习教学内容的大学生占比从大到小依次为经常关注（27.9%）、有时关注（13.4%）、很少关注（4.7%），选择“不预习，课堂随便听一下”的大学生占比从小到大依次为经常关注（12.1%）、有时关注（17.6%）、很少关注（37.4%）（图5-14）。

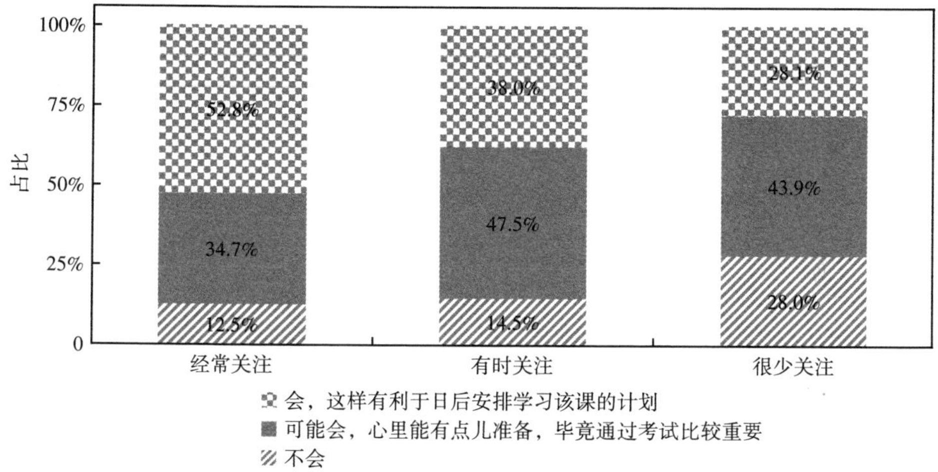

图5-13　大学生平时是否关注国内外政治、社会民生与其在上思想政治理论课之前是否会向学长打听有关课程之间的关联情况

注：答题人数为1020人。

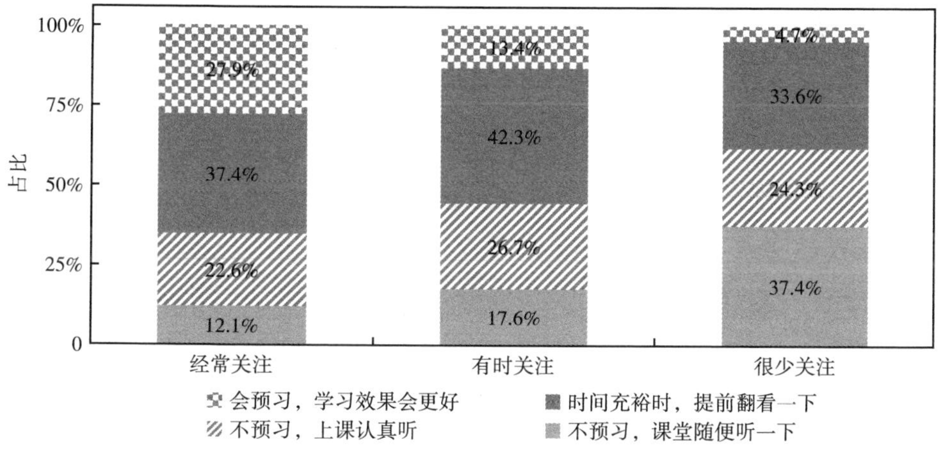

图5-14　大学生平时是否关注国内外政治、社会民生与其在上思想政治理论课之前是否会预习教学内容之间的关联情况

注：答题人数为1020人。

通过对大学生是否经常关注国内外政治、社会民生与大学生对思想政治理论课认知与期待的交叉分析，得出经常关注国内外政治、社会民生的大学生对思想政治理论课的认知与期待和有时关注或很少关注的大学生的认知与期待存在较大差异，经常关注的大学生对待思想政治理论课的态度更为积极，投入相对更高，受思想政治理论课的影响和帮助更大。如何引导大学生自主自愿关注国内外政治和社会民生、关心国家发展及社会进步，应该加大研究力度。

二、价值取向对大学生思想政治理论课的期待影响差异

从图 5–15 中可知，多数经常关注国内外政治、社会民生的大学生（40.4%）对思想政治理论课教师的期待是希望“理论素养深厚，具有扎实的专业功底，说理透彻”的教师承担思想政治理论课教学，相比较而言，多数有时关注（46.3%）和很少关注（42.1%）的大学生更期待“风趣幽默，富有人格魅力”的教师承担思想政治理论课教学。由此可以看出，经常关注国内外政治、社会民生的大学生对深刻理论讲解的期待。

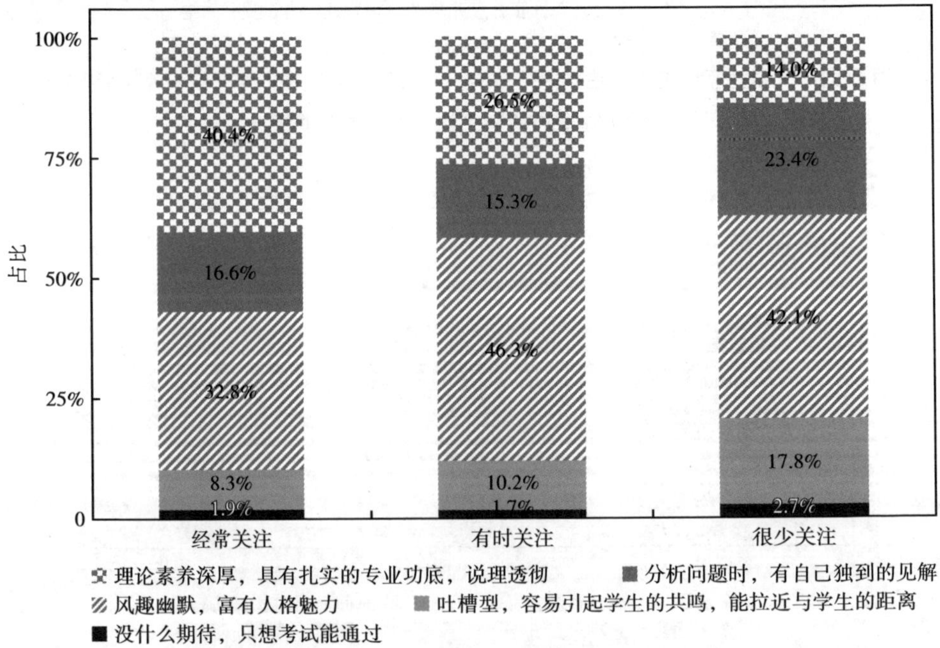

图 5–15 大学生平时是否关注国内外政治、社会民生与其对思想政治理论课教师的期待之间的关联情况

注：答题人数为1020人。

从图5-16中可知，在课堂上对任课教师的观点有不同看法时，经常关注国内外政治、社会民生的大学生（37.8%）更多选择“主动和教师交流，阐述自己的看法”；有时关注（45.7%）和很少关注（47.7%）的大学生则更多选择“和同学交流，对教师的观点进行讨论”，而愿意主动和教师交流的大学生有24.6%和15.9%。由此可以看出，经常关注政治、社会民生的大学生在课堂上更愿意和老师互动，课堂表现也相对活跃。经常关注政治、社会民生的大学生，在接受思想政治理论课的过程中容易将所学知识与他们所关注的现象联系到一起，这样学习起来会有种亲切感，有利于调动自己的积极性和热情，也更愿意向老师阐述自己的观点。

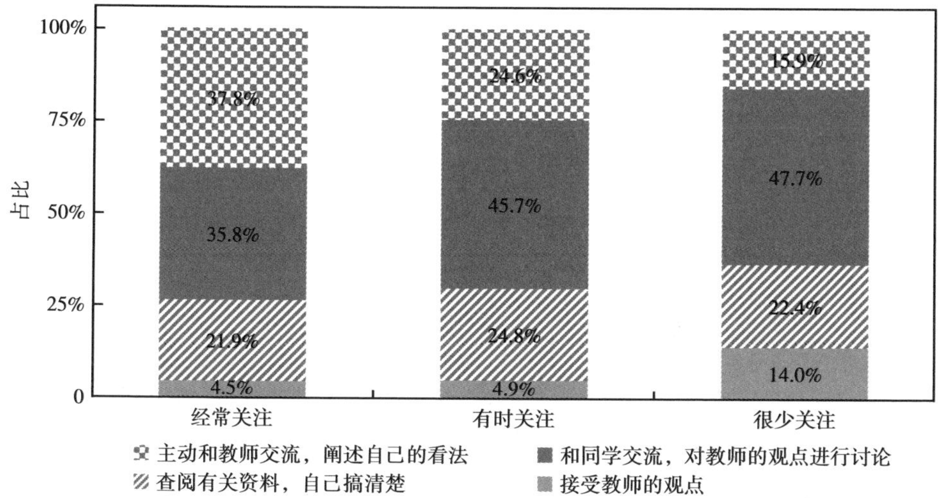

图5-16　大学生平时是否关注国内外政治、社会民生与其在与思想政治理论课教师观点产生分歧时的反应之间的关联情况

注：答题人数为1020人。

经常关注政治、社会民生的大学生在课堂上对教师的提问也更积极主动。从图5-17中可知，经常关注国内外政治、社会民生的大学生中有62.6%在课堂上对教师的提问“非常感兴趣，愿意去思考”，而有时关注（41.5%）或很少关注（47.7%）的大学生多数“担心被抽到回答问题，被迫去思考”。很少关注的大学生有12.1%选择“不去思考，等老师或其他同学回答”。本次调查结果表明，人通常愿意去谈论自己熟知的事物。如果所接受的事物与自己已掌握的事物相似或与自己之前的期待相吻合，那么自己就会有种亲切感，进而愿意主动靠近所接受的事物。

对经常关注政治、社会民生的大学生和有时关注、很少关注的大学生进行比较分析，得出经常关注的大学生对思想政治理论课的热情明显高于有时或很少关注的大学生，他们能以更加积极的心态和客观的态度对待思想政治理论课，在思想政治理论课教学中的获得感更高，也更愿意投入精力。唤起大学生的政治热情和社会责任，能够激发他们学习思想政治理论课的积极性，积极投入学习思想政治理论课又能更进一步激发大学生的政治热情和社会责任，形成良性循环，因而值得今后继续开展研究。

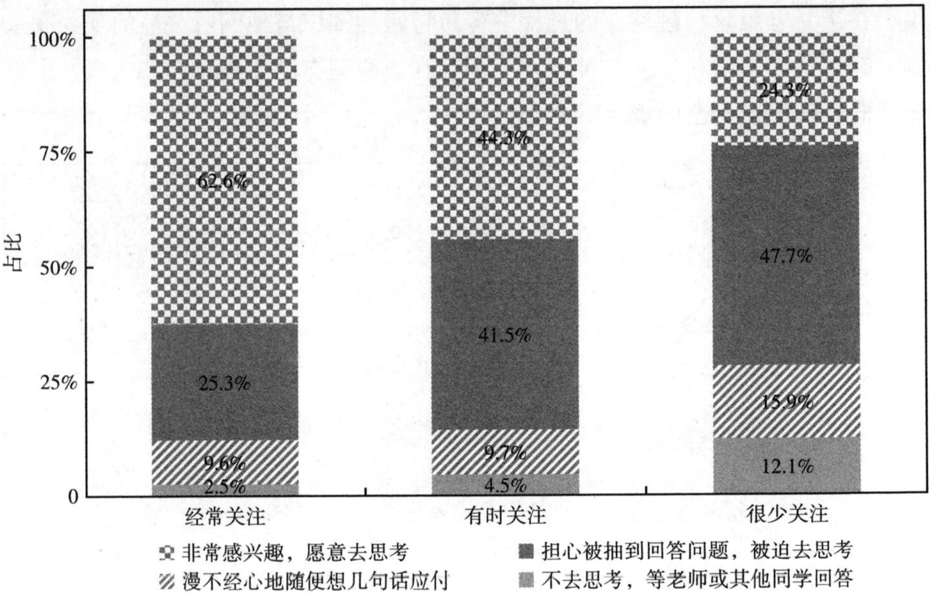

图5-17　大学生平时是否关注国内外政治、社会民生与其在思想政治理论课课堂上面对教师提问时的反应之间的关联情况

注：答题人数为1020人。

第四节　不同家庭背景的大学生对思想政治理论课的认知与期待差异

家庭教育对大学生的思想认知和处世态度有着举足轻重的影响，家庭在学生思想道德教育中的作用也是不可忽略的。学校教育的内容要求，如果在家里不能获得认同，或者与社会现实不吻合，就不能很好地发挥作用。例如，学校教育强调待人要真诚，但家长却告诉孩子不要相信别人。这就使学生陷入了两难的选择境地，既影响了学校教育的效果，又影响了学生正确价值观的塑造。

从本书所述研究的调查结果得出，家庭对于大学生对思想政治理论课的认知与期待在一定程度上有影响，家庭教育的影响应引起我们的关注，并在以后的思想政治教育研究中加强促进家庭教育对思想政治教育作用的研究。从本书所述研究的调查结果中得出，不同家庭的孩子对思想政治理论课的认知与期待在多个方面呈现出趋同性，在对思想政治理论课态度、学习投入等方面呈现出差异性。父母平时的关注点及与孩子之间的关系在认知与期待上存在差异，而父母的学历、职业对孩子的影响不是很大。

一、不同家庭背景的大学生对思想政治理论课的认知差异

心理上受父母关心并经常与父母沟通的学生对现行思想政治理论课的满意度高于心理上不太受父母关心或不受父母关心的学生。心理上受父母"关心，经常沟通，及时解决生活中的问题和困难"的学生中有42.1%对现行思想政治理论课教学满意，心理上父母"不太关心，偶尔询问一下"的学生中有20.1%对现行思想政治理论课教学满意，心理上父母"不关心，从来不沟通"的学生中有12.0%对现行思想政治理论课教学满意。心理上父母"不关心，从来不沟通"的学生中，对现行思想政治理论课不满意和无所谓的比例高于心理上受父母"关心，经常沟通，及时解决生活中的问题和困难"的学生（图5-18）比例。

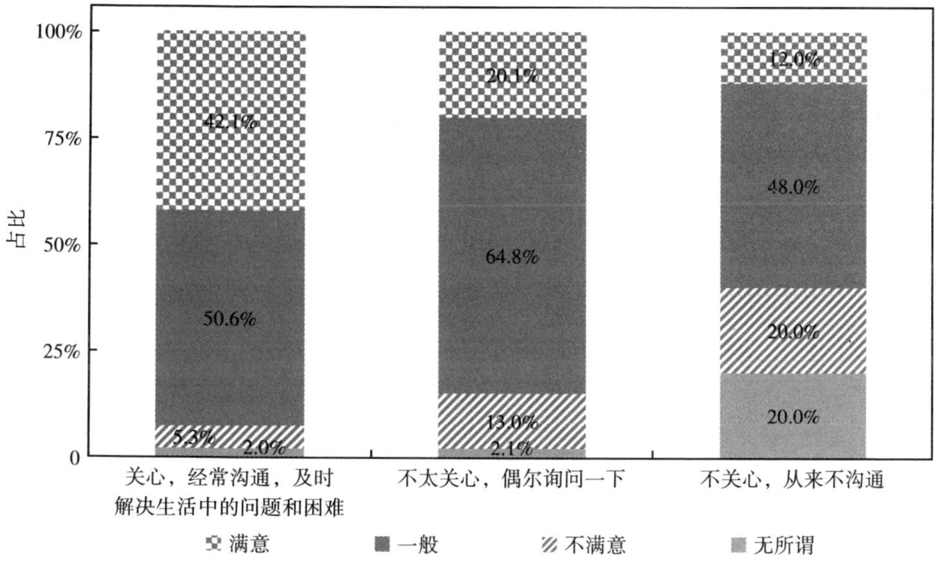

图5-18　父母平时是否关心大学生心理并注重与之沟通交流与大学生对现行思想政治理论课满意度之间的关联情况

注：答题人数为1020人。

思想政治理论课作为一种价值观引导课，对学生在价值判断上的影响与心理上是否受父母关心及是否和父母沟通有关。在心理上受父母“关心，经常沟通，及时解决生活中的问题和困难”的学生中，价值判断上受思想政治理论课影响很大和有一定影响的占比分别为33.9%和54.1%；在心理上父母“不太关心，偶尔询问一下”的学生中，价值判断上受思想政治理论课教育影响很大和有一定影响的占比分别为17.3%、65.5%；在心理上父母“不关心，从来不沟通”的学生中，价值判断上受思想政治理论课影响很大、有一定影响和影响很小的占比分别为12.0%、44.0%、32.0%（图5-19）。由此可以看出，父母越注重与孩子之间的情感交流，孩子在接受思想政治理论课教育后对自己的改变越大，更愿意用知识去提高和完善自己。

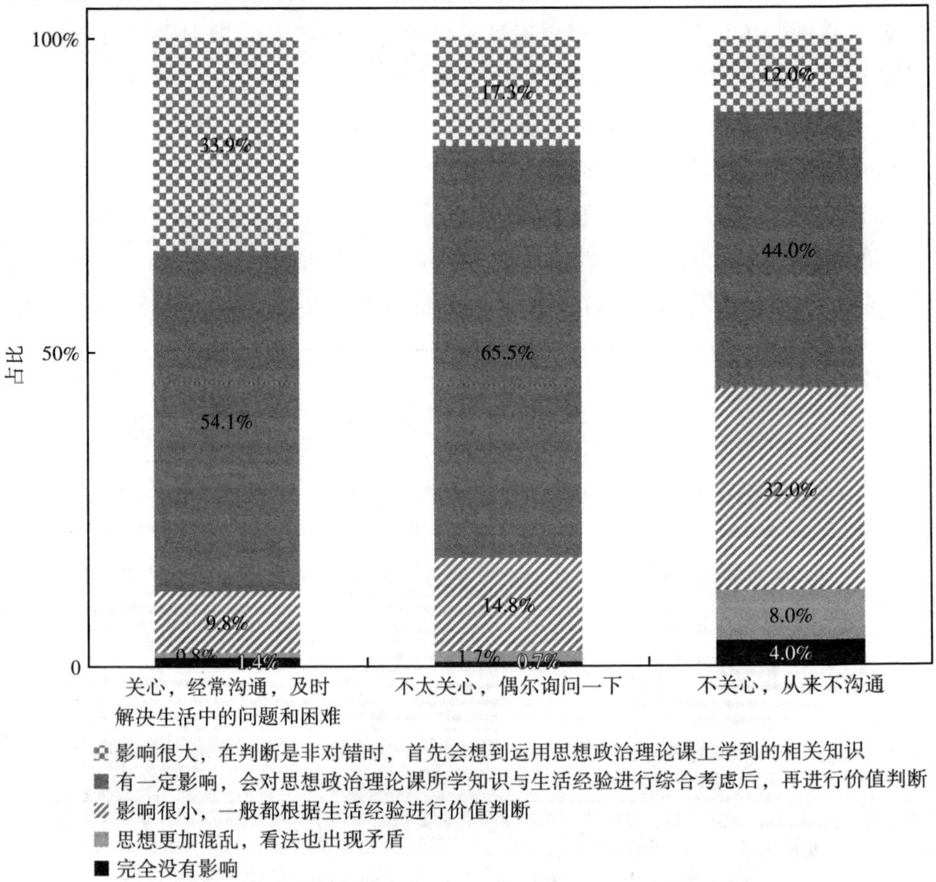

图5-19　父母平时是否关心大学生心理并注重与之沟通交流与学习思想政治理论课对大学生在价值判断的影响之间的关联情况

注：答题人数为1020人。

心理上受父母“关心，经常沟通，及时解决生活中的问题和困难”的大学生在思想政治理论课堂上受课堂学习氛围影响的比例较心理上父母“不关心，从来不沟通”的学生比例高。心理上受父母“关心，经常沟通，及时解决生活中的问题和困难”的大学生中，有58.9%认为思想政治理论课学习氛围对自己“有影响，活跃的课堂我也愿意积极参与，沉闷的课堂我也不想学”；心理上父母“不关心，从来不沟通”的大学生中，有28.0%认为有影响，48.0%认为“影响不大，我有自己的学习规划”，24.0%认为“没影响，感兴趣就学，不感兴趣就不学”（图5-20）。根据大学生的个体差异，有的大学生容易受周围环境影响，有的大学生则不易受周围环境影响。结合著者走访的课堂和对学生的访谈了解到，受环境影响较小的大学生大多数是思想政治理论课堂上不怎么听课的学生，他们会在课堂上做专业课作业，或背英语单词，或玩手机，等等。总之，他们在做与思想政治理论课学习不相关的事，因此无论身边学习氛围如何，对他们都不会造成大的影响。

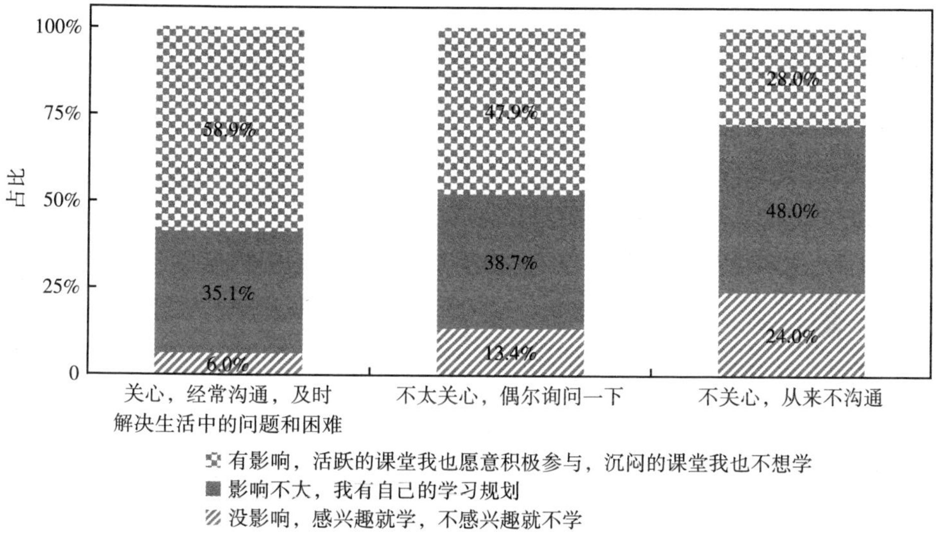

图5-20　父母平时是否关心大学生心理并注重与之沟通交流与思想政治理论课学习氛围对大学生影响之间的关联情况

注：答题人数为1020人。

心理上受父母“关心，经常沟通，及时解决生活中的问题和困难”的大学生中，有47.1%认为周围的同学朋友大多数认真学习；心理上父母“不太关心，偶尔询问一下”和“不关心，从来不沟通”的大学生中，分别只有9.9%，8.0%认为周围的同学、朋友大多数认真学习。根据从众心理理论，人们很容易受自己身边群体的影响，并在思想与行为上表现出趋同性。从本书所述研究的调查结果中得出，心理上受父母“关心”的大学生周围的同学、朋友在对待思想政治理论课学习上有很大的趋同性，即愿意认真学习思想政治理论课；心理上父母“不太关心”或“不关心”的大学生周围的同学、朋友也在思想政治理论课学习上表现出趋同性，即不愿学习思想政治理论课或认真学习思想政治理论课的较少。如何让心理上受父母“关心”的大学生去影响和带动心理上父母“不太关心”或“不关心”的大学生，从而认真对待思想政治理论课，是值得关注的问题。

父母平时是否关注伦理道德、政治法律、社会民生类问题对大学生学习思想政治理论课也会产生一定程度的影响。例如，父母经常关注伦理道德、政治法律、社会民生类问题的大学生对思想政治理论课的满意度会稍高于父母很少关注或不关注这类问题的大学生。从本书所述研究的调查结果中得出，父母经常关注伦理道德、政治法律、社会民生类问题的大学生中有44.9%对现行思想政治理论课教学感到满意，父母只有“遇到较大社会事件时才会关注”这类问题的大学生中有28.6%对现行思想政治理论课教学感到满意，父母“从不关注”这类问题的大学生中有19.4%对现行思想政治理论课感到满意。

二、不同家庭背景的大学生对思想政治理论课的期待差异

父母除了学习成绩，平时是否关心孩子的心理问题，影响着孩子对思想政治理论课的学习投入和期待。如果父母关心孩子心理，经常与他们进行沟通，及时解决生活中的问题和困难，孩子在学习过程中就会表现出更大的积极性。例如，对教师在思想政治理论课上的提问，经常与父母沟通的大学生中有53.2%“非常感兴趣，愿意去思考”，偶尔和父母沟通的大学生中有33.8%“非常感兴趣，愿意去思考”；而与父母从来不沟通的大学生中只有20.0%“非常感兴趣，愿意去思考”，有32.0%的大学生“担心被抽到回答问题，被迫去思考”，有28.0%的大学生“不去思考，等老师或其他同学回答”，有20.0%的大学生“漫不经心地随便想几句话应付”。在课堂上与授课教师观点产生不一致时，经常与父母沟通的大学生中有31.5%愿意“主动和教师交流，阐述自己的看法”，父母偶尔关心沟通（16.9%）和父母从不关心沟通（16.0%）的大学生的主动性比父母关心并经常沟通的大学生的主动性偏低。在思想政治理论课前会提前预习教学内容的大学生中，父母经常关心并与之沟通的占比为41.2%，

高于父母不太关心、偶尔询问一下的占比（8.0%），高于父母从不关心并与之沟通的占比（6.0%）。“不预习，课堂随便听一下”的大学生，父母关心并经常沟通的占比为13.9%，低于父母不太关心、偶尔询问一下的占比（23.2%），低于父母不关心、从不沟通的占比（40.0%）。对于在思想政治理论课开设前是否会向学长打听即将开设课程的相关信息，受父母关心，经常沟通的大学生中有45.9%认为“会，这样有利于日后安排学习该课的计划”；父母不太关心、偶尔询问一下的大学生和父母不关心从不沟通的大学生中选择“会”的占比分别为24.0%，20.1%，明显低于受父母关心经常沟通的大学生占比。在现行教育体制下，大部分家长还是过多关注学生的课业学习成绩，而对学生心理和思想的关注不多。很多家长没能意识到对学生心理和思想的关注会影响他们的学习投入和学习动机。关心学生的心理和思想是目前家庭教育中欠缺较多的一部分。在学生心理健康和思想引导方面，家庭教育和学校教育缺乏连接通道，二者结合较差。

父母经常关注伦理道德、政治法律、社会民生类问题的大学生在思想政治理论课学习上显得更为积极。例如，他们中有46.6%的大学生在开课前会提前向学长打听即将开设课程的相关信息，以便更好地安排该课程的学习计划；而父母不关注这些问题的大学生，仅有22.2%会打听。父母对大学生的心理关注和思想沟通在很大程度上影响着他们对学习的积极性和主动性。父母经常关注伦理道德、政治法律、社会民生类问题的大学生中有41.5%认为在上思想政治理论课前“会预习”，而父母从不关注的大学生中只有11.1%选择“会预习”。如果教师在思想政治理论课堂上提问，父母经常关注伦理道德、政治法律、社会民生类问题的大学生中有57.1%会选择“非常感兴趣，愿意去思考”；而父母不关注这些问题的大学生中只有19.4%会选择“非常感兴趣，愿意去思考”，另有33.3%的大学生会选择“担心被抽到回答问题，被迫去思考”，有36.1%的大学生会选择“漫不经心地随便想几句话应付”，11.1%的大学生会选择“不去思考，等老师或其他同学回答”。分析本书所述研究的调查结果，可以得出，父母对孩子的影响是巨大的，父母的思想行为倾向影响着孩子的价值判断与行为选择，发挥父母对孩子思想行为的引导作用不容忽视。

通过对调查数据的交叉分析，从职业上来看，除了学习成绩，平时关心孩子心理并经常与之沟通的父母中，教职人员占比（87.8%）最高，说明教职人员更加注重孩子的心理健康教育，注重与孩子交流沟通。从学历上看，平时关心孩子心理并经常与之沟通的父母中，本科占比（父78.4%、母77.7%）最高。

此外，还有一种现象值得我们关注，即不关心孩子心理、很少与之沟通的父母中，研究生学历占比（父 13.6%、母 17.6%）最高，其他学历父母不关心孩子心理很少与之沟通的占比不超过 3%。从职业上来看，经常关注伦理道德、政治法律、社会民生类问题的父母中，党政领导（71.1%）和教职人员（60.0%）占比较高。从父母学历来看，经常关注伦理道德、政治法律、社会民生类问题的父母中，研究生学历（72.7%）比例最高。

第五节　其他因素对大学生思想政治理论课认知与期待的影响差异

大学生对思想政治理论课的认知与期待受多种因素影响，有些因素影响较为明显，有些因素影响不明显，如大学生在班级的成绩排名对大学生思想政治理论课认知与期待整体上影响差异不明显，成绩排名无论是在班级前 30% 还是在班级后 30%，整体上对思想政治理论课的认知与期待都差不多。性别、民族、生源地、年级等因素在大学生对思想政治理论课的认知与期待中表现出了一些差异，但在多个方面也存在着趋同性。

一、不同性别大学生对思想政治理论课的认知与期待影响差异

从本书所述研究的问卷调查数据中得出，男生与女生对参与问卷调查的积极性有着明显的差异，女生的积极性明显高于男生，但在具体的思想政治理论课教学过程中，男生较女生要显得更主动一些。在对思想政治理论课的认知与期待方面，男生和女生也表现出不同程度的差异。在课堂上被提问和与教师有不同观点方面，男生与女生有较明显的差异。在课堂上被提问时，51.3% 的男生对问题“非常感兴趣，愿意去思考”，女生则为 45%；相比较而言，41% 的女生“担心被抽到回答问题，被迫去思考”，男生则为 31%。当在授课过程中与教师观点不一致时，35.3% 的男生更愿意“主动和教师交流，阐述自己的看法”，女生则为 23.5%；相比较而言，46.4% 的女生更愿意“和同学交流，对教师的观点进行讨论”，而男生则为 36%。由此可以看出，男生相较于女生更愿意表达自己的看法和观点，这与著者在课堂上听课的现实状况较吻合，课堂上

男生发言相对要积极一些，而且回答的问题和阐释的观点要更深刻一些。在对思想政治理论课教师的期待方面，男女生表现出较明显的差异，33.7%的男生期待“理论素养深厚，具有扎实的专业功底，说理透彻”的教师讲授思想政治理论课，女生则为26.8%；而45.9%的女生期待“风趣幽默，富有人格魅力”的教师来讲授思想政治理论课，男生则为34%。这在一定程度上反映出男生和女生性格上的差异，即女生较男生感性，男生较女生更趋理性。

二、不同民族大学生对思想政治理论课的认知与期待影响差异

关于对现行思想政治理论课是否满意的调查中，少数民族大学生对思想政治理论课的满意度（50.5%）高于汉族大学生的满意度（31.1%）；57.5%的汉族大学生对思想政治理论课的评价多集中为“一般”，而少数民族占比43.5%。在大学生群体中，同学之间能够相互影响，学校风气和学习氛围对大学生的学习态度有着重要影响。在“您身边的同学、朋友对思想政治理论课的态度如何？”调查中，38.9%的少数民族大学生认为“大多数同学都认真学习”，18.8%的汉族大学生认为“大多数同学都认真学习”；16.2%的少数民族大学生认为“认真学的同学少，多数同学都是为了应付考试”，而汉族大学生占比30.2%。在关于上思想政治理论课之前是否预习的调查中，23.1%的少数民族大学生选择“会预习，学习效果会更好”，而汉族大学生占比为14.4%；8.3%的少数民族大学生选择“不预习，课堂随便听一下”，而汉族大学生占比为20.9%。在关于有些思想政治理论课教师上课缺乏吸引力的影响因素调查中，52%的汉族大学生认为教师“上课缺乏激情，没有感染力，导致课堂气氛沉闷”，而少数民族大学生占比42.6%。相比较而言，汉族大学生对教师个人魅力富有激情、感染力的期待较少数民族大学生更高。例如，在“您最期待什么样的思想政治理论课教师上课?”调查中，44.59%的汉族大学生选择“风趣幽默，富有人格魅力”的教师，而少数民族大学生选择该选项的为34.3%。在对思想政治理论课教师说理透彻的要求方面，少数民族大学生的期待较汉族大学生更高，39.4%的少数民族大学生期待“理论素养深厚，具有扎实的专业功底，说理透彻”的思想政治理论课教师授课，而汉族大学生选择该选项的为26.0%。26.9%的少数民族大学生认为有些教师课堂缺乏吸引力是因为“理论功底欠缺，对本学科知识掌握缺乏必要的广度和深度”，而汉族大学生对此方面的认同度稍低，仅为17.3%。

本书所述研究的调查结果显示，少数民族大学生对思想政治理论课教学的满意度和积极性稍高于汉族大学生。但事实上，通过对思想政治理论课课堂状况及课堂效果的考察，再结合期末考核情况，汉族大学生对思想政治理论课教学内容的理解和接受效果要稍好于少数民族大学生。随着我国民族教育的迅速发展，越来越多的少数民族孩子有机会接受教育，少数民族家长也越来越重视教育，偏远落后地区的少数民族学生有更多的机会进入高校学习，且他们具有良好的学习态度。但是由于文化差异的客观存在，在进入高校以后，他们可能要面临着文化适应问题。在民族地区高校中，由于少数民族大学生比例较高，这种不适感会有所缓解，但是内地高校中少数民族大学生所占比例较少，教师应尽量多关注少数民族大学生的课堂表现，多鼓励关心他们，让他们在不同的文化氛围下最大限度地得以调适，确保他们身心健康地在高校学习生活。

三、不同年级大学生对思想政治理论课的认知与期待影响差异

不同年级的大学生对思想政治理论课的认知与期待在多个方面都表现出一定的趋同性，而差异主要表现在对思想政治理论课的满意度，身边同学、朋友对思想政治理论课的态度和思想政治理论课课前是否预习方面。从调查结果中发现，不同年级的大学生对思想政治理论课的满意态度多集中在“一般”，大一、大二和大三的学生对思想政治理论课的满意态度和不满意态度比较趋近，即大一至大三学生的满意度分别为36.7%，35.1%，37.7%，大一至大三学生的不满意度分别为8.5%，7.4%，6.8%。根据高校通识课程计划安排，大三学生已将所有必修通识课程学完，大四学生相较于其他年级学生对思想政治理论课的满意度（19.8%）最低，不满意度（18.6%）最高。身边同学、朋友对思想政治理论课的态度也显示出大四学生被动的一面，10.5%的大四学生认为身边“大多数同学都认真学习”，而大一、大二、大三学生分别占比23.7%，24.8%，24.4%；39.5%的大四学生认为“认真学的同学少，多数同学都是为了应付考试”，而大一、大二、大三学生分别占比27.1%，26.4%，24.7%。在“上思想政治理论课之前，您会预习将要学习的内容吗?”一题中，大一至大四学生选择“会预习”的比例分别为18.2%，18.2%，14.3%，9.3%，而选择“不预习”的比例分别为43.5%，44.2%，41.5%，50.0%。无论是对思想政治理论课的满意度，周围同学、朋友对思想政治理论课的认知态度，还是课前是否预习的相关调查中，大四学生都略显被动。这可能是因为所有思想政治理论课在大三时

已经完成，大四学生是基于综合所有思想政治理论课情况作出的整体判断，有些调查是基于思想政治理论课的预先假定，而大四学生已经完成相关课程学习，是基于事实作出的判断。例如，有关课前预习的调查，多数学生集中选择“时间充裕时，提前翻看一下”，但事实上时间对大学生而言并不充裕（原因上文已做分析），或者课前有些大学生原本是打算预习的，但由于各种原因未能实现。对于大一至大三的学生而言，他们都是正在接受或即将接受思想政治理论课教育的，因此，大四学生相比大一至大三学生会略显被动。51.2%的大四学生认为“社会风气整体浮躁”，65.1%的大四学生认为“信息化时代，社会思潮多元，真假难辨，对错难分”，这些调查结果体现出大四学生对步入社会的顾虑。做好大四学生毕业前的积极引导和思想开导十分必要，对他们步入社会并快速适应社会意义重大。

四、不同高校大学生对思想政治理论课的认知与期待影响差异

本书所述研究的调查过程中，将国家“211工程”和“985工程”重点建设高校（以下简称重点高校）和普通高等院校进行了比对。综合来看，这些不同高校的大学生在多个方面呈现出认知与期待的趋同性，在对思想政治理论课的满意度，身边同学、朋友对思想政治理论课的态度，课前是否预习，对教师课堂观点有不同看法时的选择，以及如何对待教师课堂提问五个方面呈现出差异性。不同高校的大学生对现行思想政治理论课的满意度多集中在“一般”选项，重点高校中65.6%的大学生认为现行思想政治理论课教学一般，而普通高等院校的大学生认为“一般”的占比为53.4%。重点高校大学生对现行思想政治理论课的满意度为17.7%，而普通高校大学生的满意度为37%。在重点高校中，11.5%的大学生对现行思想政治理论课不满意，而普通高校的大学生占比为2.5%。在“您身边的同学、朋友对思想政治理论课的态度如何？”调查中，重点高校47.9%的大学生和普通高校49.9%的大学生选择“有的同学认真学，有的同学不好好学，各占一半”；在选择“大多数同学都认真学习”的选项上，重点高校大学生占比12.5%，普通高校大学生占比24.1%；在选择“认真学的同学少，多数同学都是为了应付考试”的选项上，重点高校大学生占比39.6%，普通高校大学生占比26%。在“上思想政治理论课之前，您会预习将要学习的内容吗？”调查中，重点高校57.3%的大学生和普通高校42.3%的大学生选择“不预习”；在选择“预习”的大学生中，重点高校大学生占比

8.3%，普通高校大学生占比17.1%。当在课堂上与教师观点有不同看法时，集中选项为“和同学交流，对教师的观点进行讨论”，选择这一选项的重点高校大学生占比47.9%，普通高校大学生占比42.5%，差别不是很大。重点高校有31.3%的大学生选择了“查阅有关资料，自己搞清楚”，选择这一选项的普通高校大学生占比23.1%。重点高校有17.7%的大学生选择“主动和教师交流，阐述自己的看法”，选择这一选项的普通高校大学生为28.0%。在“思想政治理论课上，如果教师提出问题，您的内心感受如何？”调查中，普通高校中48.8%的大学生选择“非常感兴趣，愿意去思考”，而重点高校中有29.2%的大学生选择此选项；重点高校有41.7%的大学生选择“担心被抽到回答问题，被迫去思考”，相应选择这一选项的普通高校大学生占比37.6%；选择“漫不经心地随便想几句话应付”的重点高校大学生占比20.8%，普通高校大学生占比9.2%。

从这些差异中可以发现，重点高校大学生对思想政治理论课认可度较普通高校大学生稍低，对思想政治理论课的投入和积极性也较普通高校大学生稍低。此结果让我们意识到，不仅普通高校思想政治理论课教学质量有待提高，重点高校也同样面临这个问题。重点高校大学生对问题的认知和现象的思考可能更深刻，要求和期待可能也更高，这对思想政治理论课教学是一种鞭策。

五、不同政治面貌大学生对思想政治理论课的认知与期待影响差异

党员大学生是大学生群体中思想进步、起模范带头作用的排头兵，在各个方面起表率作用。从调查结果中可以发现，党员大学生在思想政治理论课的投入度和认可度方面比非党员大学生稍高。在“您认为开设思想政治理论课的意义是什么？”调查中，76.8%的党员大学生选择“实现国家政治统治所必需的意识形态教育”，选择这一选项的非党员大学生为61.5%；选择“拓宽知识面，开阔视野，促进个人的自由全面发展”的党员大学生为75.5%，非党员大学生为53.8%；选择“只对考研、考公务员等资格类考试有用”的党员大学生为12.8%，非党员大学生为38.5%；选择“是政治理论说教，没什么意义”的党员大学生为7.2%，非党员大学生为30.8%。这一调查结果显示，党员大学生对思想政治理论课意义的认知比非党员大学生的认知呈现出更高的积极态度。36.8%的党员大学生、15.4%的非党员大学生对思想政治理论课的教学满意；

8.8%的党员大学生、38.5%的非党员大学生对思想政治理论课的教学不满意。在思想政治理论课对大学生价值判断的影响方面，党员大学生认为影响很大或有影响的分别为30.5%，58.1%，非党员大学生分别为7.7%，46.2%；认为影响很小的党员大学生为9.7%，非党员大学生为30.8%。当在课堂上对老师的观点有不同意见时，40.2%的党员大学生和43.8%的非党员大学生选择“和同学交流”；19.5%的党员大学生和27.7%的非党员大学生选择“主动和教师交流”；选择“查阅有关资料，自己搞清楚”的党员大学生为31.7%，非党员大学生为23.2%；8.5%的党员大学生和5.3%的非党员大学生选择“接受教师的观点”。

从调查结果中可以得出，党员大学生相对于非党员大学生对思想政治理论课的满意度稍高，态度较为积极，这与党员大学生要求思想进步是相吻合的。党员大学生不一定学习成绩是最好的，但要求思想积极上进，因此思想政治理论课对党员大学生而言较为重要。从调查结果中也能看出，思想政治理论课的学习对党员大学生的影响较大（价值判断一题中88%以上的党员大学生受思想政治理论课影响）。发挥党员大学生学习思想政治理论课的积极带头作用，营造好的学习氛围，是党员大学生应尽的责任。

根据图式理论，上文所提及的学生自身兴趣爱好、性别、生源地、年级、专业、民族、家庭背景、思想政治理论课自身等多种因素影响着大学生对思想政治理论课的认知与期待。但影响较大的主要体现在家庭背景、学生自身兴趣爱好两个方面。家庭背景的影响主要体现在父母与孩子之间保持畅通的交流沟通，以及父母平时比较关注国家发展、社会民生问题，这种情况下，大学生对思想政治理论课的满意度相对较高，对思想政治理论课教学内容和教师评价也相对较高，他们在思想政治理论课开课前和课堂上的学习投入倾向明显高于父母不注重沟通和不怎么关心时事的大学生。在中学时期认真对待政治、历史类课程，学习时喜欢结合现实进行理解记忆的学生，在进入大学后，对思想政治理论课的满意度也偏高，在课前和课堂上的学习投入也有较高的行为倾向，在评价思想政治理论课教师、教学内容及教学方法时显得更为客观，对思想政治理论课各方面的期待更显积极。

第六章　强化新时代大学生思想政治理论课积极心理定势的对策

大学生对思想政治理论课的认知与期待共同构成了他们对思想政治理论课的心理定势，其中包括消极心理定势和积极心理定势。大学生对思想政治理论课的某种心理定势不是由某个特定因素造成的，而是由多种因素综合形成的效应。本章旨在找出大学生对思想政治理论课产生消极心理定势的因素，进而提出对策与建议消除大学生的消极心理定势，进一步强化积极心理定势，以此来提升思想政治理论课立德树人、铸魂育人的实效，使思想政治理论课成为大学生爱上、家长满意、学校骄傲、社会称赞的课程。

第一节　大学生对思想政治理论课产生消极心理定势的影响因素

建构主义学习理论指出，“学习是学习者运用自己的已有经验去主动而积极地建构对自己富有意义的内部心理表征的过程”[①]。该理论认为，学习者原有的知识经验和认知结构非常重要，学习者在以往的日常生活和学习过程中，积累了丰富经验，对事物有了自己的认知和看法，这些原有知识积累和认知结构又会影响学习者后续的学习行为。对于思想政治理论课学习，大学生在中学时期的学习经历和社会经历影响着他们在大学时期对思想政治理论课的认知态度和行为选择。根据心理学归因理论，人们的行为结果是由一定的影响因素造成的。大学生将对思想政治理论课的心理定势作为其心理活动的结果，受不同因素影响，这种影响因素可以归因于外因（外部因素）和内因（学生自身）两

① 汪凤炎，燕良轼．教育心理学新编［M］．广州：暨南大学出版社，2006：236.

个方面。本书所述研究认为，思想政治教育环境的消极因素、思想政治理论课自身建设存在的问题、大学生家庭教育状况及大学生自身发展问题在一定程度上使部分大学生对思想政治理论课产生了消极心理定势。如何淡化大学生消极心理定势，强化积极心理定势，从而增强思想政治理论课实效，是本书研究的目的所在。了解与分析大学生产生消极心理定势的影响因素是淡化消极心理定势、强化积极心理定势的前提。

一、思想政治教育环境的消极因素影响大学生的心理认知

思想政治教育环境是构成思想政治教育系统的要素之一，是影响立德树人效果及大学生思想与行为变化的外部空间，影响大学生思想道德素质的形成。恩格斯曾说："人们自觉地或不自觉地，归根到底总是从他们阶级地位所依据的实际关系中——从他们进行生产和交换的经济关系中，获得自己的伦理观念。"①习近平指出："中国要聚精会神搞建设，需要两个基本条件，一个是和谐稳定的国内环境，一个是和平安宁的国际环境。"②"改革开放以来，我们党始终高度重视正确处理改革发展稳定关系，始终把维护国家安全和社会安定作为党和国家的一项基础性工作。我们保持了我国社会大局稳定，为改革开放和社会主义现代化建设营造了良好环境。"③党的十八大以来，党和国家各项事业迅速发展，取得了伟大的成就。良好的环境为思想政治教育的有效开展提供了支撑与保障。同时应该看到，我们正处在一个复杂多变的时代转折点，受到世界百年变局和中华民族伟大复兴的战略全局相互交织的影响，依然存在一些亟待解决的困难。"譬如，一方面经济发展迅速，但另一方面质量和效益有待提高，生态环境问题依旧严重；同样，人民群众的生活水平显著提升，但在教育、医疗、住房、养老和就业等方面仍存在着较大困难；人们的文化水平明显提升，但文明程度和法治素养仍有待进一步加强"④。如果这些困难得不到及时解决，一些别有用心的人会利用人们对这些困难不满的心理，散播不利于凝聚社会力量的舆论，这样容易形成思想政治教育环境的消极因素。大学生群

① 恩格斯．反杜林论［M］// 马克思，恩格斯．马克思恩格斯选集：第3卷．北京：人民出版社，2012：470.

② 习近平．习近平谈治国理政：第1卷［M］．2版．北京：外文出版社，2018：266.

③ 同②：202.

④ 杨威，李津．习近平关于高校思想政治理论课建设重要论述探析［J］．井冈山大学学报（社会科学版），2022，43（7）：6.

体自身所具有的心理和思想趋于成熟，但又未真正完全成熟的特点，缺乏一定的社会阅历、经验不足，对事物的辨别能力不强，容易受外界环境消极因素影响。习近平总书记提出，“要教育引导学生正确认识世界和中国发展大势”“正确认识中国特色和国际比较，全面客观认识当代中国、看待外部世界”①。弱化思想政治教育环境的消极影响，帮助大学生扣好人生第一粒扣子，是思想政治理论课教师的历史使命。

1. 功利浮躁的心理影响大学生对思想政治理论课的重视程度

虽然新时代思想政治理论课建设取得了显著效果，大学生的抬头率、获得感不断增强，教师的成就感大大提升，但是依然有部分思想政治理论课教学效果不佳。对于部分思想政治理论课教学效果不佳的现象，我们应客观理性地看待，既要看到思想政治理论课建设自身存在一定的问题，也要看到部分大学生自身因受功利浮躁的心理影响，不能像对待专业课一样平等地对待思想政治理论课，这在一定程度上影响了他们对思想政治理论课的认知态度与价值期待，进而直接影响大学生对思想政治理论课的学习投入。在个别大学生看来，专业课是关乎他们就业工作的关键，学好专业课和多考一些资格证书才值得他们投入大量的时间和精力。这部分大学生忽视了能够使他们行稳致远的世界观和方法论的学习，而高校思想政治理论课正是教授科学的世界观和方法论的主渠道和主阵地。

2. 多元化社会思潮影响大学生对思想政治理论课的认知

在信息活跃的时代，各种社会思潮借助大众文化产品、生活方式及新兴媒体对大学校园产生着深刻影响。新时代大学生通过各种渠道被动或主动地接触到纷繁复杂、良莠混杂的信息，部分大学生的思想观念容易受到不良价值思想的影响。思想政治理论课作为引领新时代大学生坚定理想信念，坚持中国特色社会主义道路，为实现中华民族伟大复兴而奋斗的关键课程，在多元化社会思潮影响下，受到了不同程度的挑战，影响着大学生对思想政治理论课的认知。

3. 不良社会现象在一定程度上影响大学生对思想政治理论课的认知

2022年10月，中国共产党第二十次全国代表大会胜利召开，让全国人民看到了过去五年在中国共产党的领导下，在中国社会主义道路的征程上，我国取得的巨大成就，同时让我们对未来的发展充满希望和信心。中国作为大国的风采正感染着每个中国人。大学生在最朝气蓬勃的年龄感受着祖国日益强大带

① 习近平. 习近平谈治国理政：第2卷［M］. 北京：外文出版社，2017：377-378.

来的震撼力和自豪感，也让他们感受到了马克思主义理论对中国特色社会主义建设事业的伟大意义，他们对党和政府、对社会主义现代化建设事业充满信心，对祖国更加强大深感骄傲。在为国家繁荣昌盛感到骄傲和自豪的同时，我们也要保持清醒的头脑，社会发展中的问题和矛盾并没有因为国家强大而被完全消解，贪污腐败、诚信缺失、人情冷漠等不良社会现象也会出现在大学生的视野里。这些不良社会现象容易使一些大学生产生思想政治理论课对人的道德品质教育引导效果不佳的心理认知，进而产生思想政治理论课对人的发展成长作用不大的错误认知。在本书所述研究的调查结果中，大多数大学生都能够客观评价思想政治理论课的作用和效果，能够正确看待思想政治理论课的责任有限化，但依然有3.73%的大学生认为不良社会现象的产生是思想政治理论课的失效。

二、思想政治理论课的特殊性及其自身建设存在的问题影响大学生的心理认知

思想政治理论课是高校思想政治教育的主渠道和主阵地，肩负着特殊的社会责任和历史使命。思想政治理论课的根本任务是立德树人，为党和国家培养坚定的马克思主义信仰者和中国特色社会主义事业的建设者和接班人。正是思想政治理论课的这一特殊责任和使命，凸显出它的重要地位和作用。思想政治理论课不断通过理论教育，向大学生传递国家主流意识形态，使思想政治理论课自身具有理论性和政治性等特点。这些特点容易使大学生从心理上产生思想政治理论课缺少亲和力的错觉。

1. 思想政治理论课教学内容的理论性影响大学生的心理认知

“大学阶段思想政治教育的定位是‘理论课’，这是符合大学生生理心理特点和认知能力发展规律的。”①“对大学生的价值观教育不仅需要知识的传授和道德灌输，更需要用理论的穿透力帮助大学生进行理性反思和逻辑推论。”②高校思想政治理论课重点在于理论教育。思想政治理论课教学内容的理论性表现出系统化、抽象化的特点。根据人的心理特点，人们对抽象化的理论较难理解，因此容易使大学生产生畏难情绪。但是思想政治理论课教学内容的理论性是其固有的属性，既符合党和国家教育要求，又符合大学生成长成才

①② 刘英杰，郑淑芬．高校思想政治理论课教学更需强调“理论性”[J]．思想理论教育导刊，2013（10）：77.

需求。如何让思想政治理论课的理论性成为引导大学生深入思考的优势，并使大学生乐于接受，已成为思想政治理论课教师开展教学的努力方向。

2. 思想政治理论课的政治性影响大学生的心理认知

思想政治理论课是传播国家主流意识形态的教育，其开展的是国家的思想体系、主流价值观念和社会道德规范教育，具有较强的政治性。2019年，习近平总书记在学校思想政治理论课教师座谈会上提出“八个相统一”①，将思想政治理论课的政治性置于首要位置，并指出“政治引导是思政课的基本功能”②。但同时，习近平总书记也强调：“强调思政课的政治引导功能，并不是要把课讲成简单的政治宣传，而要以透彻的学理分析回应学生，以彻底的思想理论说服学生，用真理的强大力量引导学生。”③然而，现实中由于思政课教师的水平差异，还存在个别教师对理论分析不透彻、说服力不强、偏重思想政治理论课的政治宣传等问题，在一定程度上影响了大学生对思想政治理论课的认知。

3. 思想政治理论课的教师形象会影响大学生的心理认知

思想政治理论课教师相比于其他教师，具有更高更严的教育要求和个人素质要求。在教学过程中，高校思想政治理论课教学既包括知识传授又包含价值观塑造，涉及社会分析等多个方面，这些都要求思想政治理论课教师拥有扎实的理论功底、丰富的生活阅历，以及善于利用现实生活中的案例来增强教学内容说服力的敏锐思维。多数思想政治理论课教师深知自身肩负的特殊使命，能够严格要求自己，紧跟时代发展步伐，不断全面丰富完善自己，教师的思想政治素质、理论水平和实践能力也在不断提高，为社会起到了良好的道德行为示范作用，树立了觉悟高、修养好、学识广的良好形象。但仍有个别教师抱着应付的心态从事思想政治理论课教学，缺乏工作热情。个别思想政治理论课教师把马克思主义理论教育仅当作一门知识进行传授，只关注大学生对学习内容的掌握程度，较少关注大学生对所接收的内容是否信服。与专业课相比，一些大学生对思想政治理论课的重视程度低于专业课，以致个别教师也抱着低要求的心态对待思想政治理论课，对大学生的思想困惑和需求了解不深，在一定程度

---

① 八个相统一：坚持政治性和学理性相统一、坚持价值性和知识性相统一、坚持建设性和批判性相统一、坚持理论性和实践性相统一、坚持统一性和多样性相统一、坚持主导性和主体性相统一、坚持灌输性和启发性相统一、坚持显性教育和隐性教育相统一。

② 习近平. 思政课是落实立德树人根本任务的关键课程［M］. 北京：人民出版社，2020：11-13.

③ 同②：11.

上挫伤了大学生学习的积极性和主动性。思想政治理论课教师队伍中，还存在个别教师知识结构老化却不愿更新学习、教学手段单一却不愿尝试新的教学手段，以及多媒体展示只是简单的内容图片堆积，大多只靠教师干巴巴地说教等问题，因此很难引起大学生的学习兴趣。有些教师自身缺乏学习、接受新思想新理念的能力，对于大学生提出的现实与理论不相符的现象也无法给予深刻合理的解释和引导，缺乏说服力，导致大学生在思想政治理论课中的获得感不足。综上所述，思想政治理论课教师的形象，会影响大学生对思想政治理论课的认知。

4. 思想政治理论课教学内容影响大学生的心理认知

思想政治理论课教学内容是国家和社会对社会成员开展思想政治教育时在思想、政治、道德、心理等素质方面的要求，这种要求的内容既不是随意制定的，也不是哪个个体或团体组织制定的，而是由国家统治阶级根据社会发展的要求和受教育者的思想实际制定的。思想政治理论课的具体内容不是一成不变的，它会随着社会的发展不断丰富和完善，但无论如何变化，最终反映的都是国家的意识形态和社会行为规范。多年来，思想政治理论课教学内容不断得到丰富和完善，党的最新理论不断丰富完善于思想政治理论课教学之中，使思想政治理论课教学内容全面广泛地涵盖了国家的意识形态和社会规范要求，为实现教育目标和任务提供了重要保证。但思想政治理论课教材尚存在一些亟待丰富和完善的地方。例如，教材内容偏重概念化、知识化，理论与实践结合不够，与社会热点、疑点相结合的案例分析缺乏，等等。对大学生关心、困惑的社会疑点、热点，部分教师可能缺乏及时回应，未能通过深刻挖掘教材内容背后的实质内涵来解决大学生困惑的问题。思想政治理论课教学内容中的这些问题，都会影响大学生对其的认知与评价。

5. 思想政治理论课教学方法影响大学生的心理认知

课堂教学是教学过程中最主要的环节，课堂教学方法的探索是教学方法改革的重要组成部分。近年来，思想政治理论课不断探索教学模式、方法、技术，不断推动高校思想政治理论课教学方法改革成果在教学中的实践与应用。各部门、各高校采取一系列重大举措，全面加强和改进思想政治理论课建设，深入推进中国特色社会主义理论体系进教材、进课堂、进头脑。思想政治理论课堂教学方法改革紧紧围绕以提高学生兴趣、加强课程感染力、激发学生主动参与为主线，取得了较为丰富的成果。研究性教学方法、讨论互动式教学方法、问题导引型教学方法、阅读式教学方法、案例式教学方法等都相继运用到课堂中，慕课、微课堂、翻转课堂作为教学新形式的运用，使思想政治理论课教学方法融入了新鲜血液。当然，在取得成绩的同时，也应该看到问题。本书所述研究调查发现，大学生认为思想政治理论课教学中的教学方法存在形式化、说教性、针对性不强、方式单一等问题，最突出的问题是学生参与度低，即66.5%的大学生认为思想政治理论课教学存在“灌输型的理论说教模式，学生参与度较低”。多数的思想政治理论课教学模式都是教师在台上宣讲、学生在台下聆听的图景，关键是教师讲的理论知识，与学生的期待存在一定距离。随着思想政治理论课教学改革的深入，人们对思想政治理论课教学方式方法已经探寻出很多受欢迎且具有创新性的方式（如翻转课堂、课堂脱口秀等），但这些受欢迎的授课方式多使用在教学观摩或教学比赛中，实际的课堂中并不是全部运用这些新的教学手段和方法，究其原因，这些新手段和新方法的使用成本较高。因此，思想政治理论课教学依然多以传统的课堂教授为主，这容易让大学生对思想政治理论课产生活力不足的认知。

三、家庭教育状况影响大学生对思想政治理论课的认知

家庭是大学生成长的自然环境，家庭教育在大学生的价值观形成和人格发展过程中起着举足轻重的作用，甚至是决定性作用。家庭教育是学校教育的后盾和补充，是大学生思想政治教育中的重要环节。在政治社会化过程中，家庭作为社会细胞，既是社会对个体实施政治社会化的重要途径，也是个体学习政治文化的初始场域。在家庭中，父母通过自己的言行举止、道德素养，经常、大量、直接地影响孩子。但在现实生活中，部分家庭成员在孩子政治社会化过程中缺乏教育和引导，个别父母只关心孩子的文化知识学习，忽视品德教育与心理健康教育，对政治素养教育也关注、关心不足。这一方面是由于家庭教育理念的功利化使家长过于看重考试分数，另一方面是由于家长自身条件有限，不能充分以正确的世界观、人生观和价值观教育引导孩子。国家高度重视家庭教育的重要性，但家庭教育的作用仍没能充分得到发挥，在大学生思想道德教育中，家庭教育的角色并未充分得到彰显。

1. 部分家庭教育理念依然存在功利化趋向

部分家庭教育片面追求孩子的智育发展，轻视德育发展。在家庭教育中，学习成绩总是排在第一位，相关调查结果显示，家庭教育内容中学习要刻苦努力占比82.4%，排名第一。家庭是孩子的第一所学校，孩子的生活习惯、个性

品德在很大程度上受家庭影响。有研究发现，一名大学生步入社会以后，成为一个品德高尚、有成就的人与他受到的良好家庭教育和熏陶有直接关系。随着我国教育的发展，大多数家长希望自己的孩子通过接受教育成才。大部分学校会因为学生的考试分数达标而录取学生。因此，在一些家长甚至个别教师的心里深深地埋下了成绩第一的种子，在家庭教育中也更注重考试成绩。由此一来，为了中考和高考，部分学生会将更多的精力都投放到对升学有帮助的课程上，例如，初中道德与法治课、高中思想政治课考试分数占比少，因此对这些课程的重视程度远不及语文、数学和英语等课程。从本书所述研究的调查结果中得知，父母对孩子的关心程度，以及家庭对国家、社会的关注程度都影响着大学生对国家政治、社会生活的感知，也影响着他们对思想政治理论课的体验和参与。

2. 家庭教育的局限性影响大学生对思想政治理论课的认知

在有些情况下，由于父母本身受教育程度和相关能力素质的限制，能够向子女传递正确价值理念和道德观念的条件不足，在本次调查中，父母的职业、学历及平时对国家政治生活和社会民生的关注等对此均有所反映。家庭教育的局限性体现在以下方面。

一是家长自身教育程度的局限性。一定程度上，父母学历越高，可能对家庭教育的重视程度也会相应较高，会更看重孩子的综合素质发展；而学历相对较低的父母可能更容易将孩子的成功聚焦在学业成绩上，对孩子的思想、心理关注较少。“随着教育事业的发展和家长受教育水平的提高，我国家长教育孩子的水平也在提高。但还有一些家长教育观念滞后，而又忽视自身学习，他们太爱孩子，但太不会爱孩子。有的对孩子期望值过高，急功近利，迷信‘天才教育’，希望‘克隆’神童，对孩子强行塑造，想把自己的愿望强加给孩子；重教子轻自修，不能为孩子做出做人的榜样；不尊重孩子的隐私；重智育、轻德育，不重视劳动教育；教育方式多训斥，少疏导，以及用溺爱或暴力等极端方式对待孩子等。”①一些家庭在沟通中存在问题，父母和孩子之间缺乏真正意义上的沟通，要么不能真诚的沟通，造成沟通无效；要么干脆不沟通。一些家长存在权威家长心理，时常以家长的权威管教孩子，不能给孩子以平等的权利。同时，他们自己做不到榜样和模范，不能为孩子树立学习的典范，这可能会让孩子从心底对父母既惧怕又反抗。家长不与孩子沟通，不知道孩子心里想

① 教育部关心下一代工作委员会《新时期家庭教育的特点、理念、方法研究》课题组. 我国家庭教育的现状、问题和政策建议［J］. 人民教育，2012（1）：8.

什么，要么是一味地宠爱，要么是一味地严格要求，很容易造成孩子心理不健康，甚至使孩子成为问题学生，进入社会后成为问题成员。

二是家长精力的局限性。随着社会发展和社会分工不同，每个人都是匆匆忙忙：家长匆匆忙忙工作，打拼事业；孩子匆匆忙忙上学，忙着应试。母亲对孩子的影响很重要，目前越来越多的女性进入职场，经常顾不上孩子。而现实生活中，部分父亲对孩子教育时间和精力的投入相对更少。家庭教育存在的问题反映在学生身上就是在学校容易成为问题学生。重视家庭教育是学生在学校健康成长和步入社会、顺利适应社会的重要保障。

四、大学生自身因素影响思想政治理论课学习效果

大学生作为思想政治理论课的学习主体，既应该对自己的学习行为负责，提高思想政治理论课的接受效果，也应该承担相应的责任。部分大学生对思想政治理论课的性质认识不足、缺乏对思想政治理论课的学习动机、对自身发展认知的局限等，都不同程度地影响着他们对思想政治理论课学习的心理准备状态，也影响着思想政治理论课的接受效果。

1. 部分大学生对思想政治理论课的性质认识不足

在一些大学生心中，思想政治理论课一直是一个不重要的存在，他们认为在将来的生活学习中都不会应用到，因此大学生学习这门课程的“最高价值”便是获得每学期的期末成绩。部分大学生把学习思想政治理论课作为考研和考公务员的一种载体，而不是把思想政治理论课作为自身发展的思想理论指导课程。在孙金果①关于“您继续学习思想政治理论课的原因是什么”（多选题）的调查中，调查结果显示，31.92% 的大学生选择了“为了提高思想政治理论素质”，47.21% 的大学生选择了“对讲课的内容感兴趣”，54% 的大学生选择了“更好地了解中国的历史、国情和发展前景”，51.46% 的大学生选择了“掌握具体的考研考公技巧”，34.47% 的大学生选择了“取得优秀成绩，得到奖学金和保研机会”，42.23% 的大学生选择了“学习只是为了通过考试”。该研究者的调查结果显示，大学生学习思想政治理论课的需求多样、目的多元，但是部分大学生对思想政治理论课的学习存在功利化心理，这应该引起我们的重视。在本书所述研究中，关于“您认为当前思想政治理论课教学外在环境存在

① 孙金果. 新时代大学生思想政治理论课学习状况研究［D］. 长春：长春理工大学，2023：27-28.

的主要问题有哪些?”的调查中，37.6%的大学生选择了“学生对课程性质认识不清，只为了获得学分”，这说明部分大学生自己已经意识到自身对思想政治理论课的认知误区。著者在听课过程中发现，大一新生对思想政治理论课的学习状态较好、积极性较高。大一新生进入学校，对所有事物都怀有好奇心，对一切事物都抱有美好愿景，此时是开展思想政治理论教育的最好时机。教师应该特别做好大一新生的动员教育，上好第一堂思想政治理论课（即“思想道德与法治”课），做好对学生的引导，不要让学生产生思想政治理论课是空洞说教理论课的想法。根据定势中的首因效应原理，一旦大学生产生思想政治理论课空洞说教的定势，对随后几年的思想政治理论课学习都会产生一定程度的影响。

2. 部分大学生对思想政治理论课缺乏学习动机

学习动机是衡量一个人在学习某种知识时能投入多少精力的一个重要因素，甚至在很大程度上决定了学习的效果。根据著者观察和与同行交流得知，在思想政治理论课学习中，部分大学生的学习动机缺乏主要表现在课前不预习、课上不听课、考前一两天突击背书本等方面。不重视思想政治理论课，不能正视思想政治理论课的引导价值，而是把思想政治理论课作为一般的知识记忆课程。这一现象也突出反映在考试卷上，从大学生答题的情况可以看出，部分大学生对问题缺乏深入分析和判断。正是部分大学生对思想政治理论课缺乏学习动机，导致他们难于以客观公正的态度去认知思想政治理论课的价值引导功能，因而在学习中表现为缺乏深入思考、投入精力不足等现象。

3. 部分大学生对自身发展认知的局限性影响其对思想政治理论课的认知

不少大学生对自身的发展追求更务实，即能够在短期内看到效果。然而，思想政治理论课对大学生的成长发展作用体现在对价值观和思维方式的影响，这会对大学生的一生都产生深远影响。由于价值观和思维方式的变化外显性不突出，大学生容易忽略思想政治理论课在其成长发展过程中的作用。基于严峻的就业形势，部分大学生更愿意将时间和精力投放到直接影响他们就业或深造的专业课程上面，能够找到一份相对安稳的工作或考入一所理想的大学继续攻读研究生，既是多数大学生本人的追求，也是家长的期待。部分大学生对通识课程期待不是很高，这种对自身发展认知的局限性使他们对思想政治理论课缺乏客观的认知态度。

上文从教育环境、思想政治理论课自身情况、家庭教育问题、大学生自身问题四个方面进行了分析，这些构成了大学生接受思想政治理论课前的各种图式，作为大学生的前期经历，影响着大学生接受思想政治理论课的心理准备，是大学生对思想政治理论课形成固有心理定势的多种影响因素。我们应明确认识到，大学生对思想政治理论课所产生的消极心理定势不只是思想政治理论课自身的问题，还有社会、家庭和大学生自身的问题，是多个方面综合效应的结果，如果一味地从思想政治理论课单方面寻求原因既不客观也不可取。我们应勇于直面这些客观存在的不利因素，敢于担当。针对这些消极影响因素，开展有针对性的措施研究，淡化大学生对思想政治理论课的消极心理定势，强化积极心理定势是本书所述研究的初衷；提出提高思想政治理论课教学效果的针对性措施与建议，切实增强思想政治理论课教学效果是本书所述研究的目的。

第二节　优化思想政治教育环境，强化思想政治理论课的重要地位

思想政治教育环境既包括宏观的经济、政治、文化等社会环境，也包括家庭、学校等微观环境。社会环境为大学生提供了自身发展的舞台，家庭环境为大学生的身心成长提供了必要的物质保障和精神供养，学校环境也对培养大学生成长成才产生重大影响。思想政治教育环境对人的思想政治品德形成，既有积极因素的影响，也有消极因素的影响。思想政治教育环境对一个人思想政治品德的形成和发展乃至整个人生的影响是最根本的。[①]优化教育环境是可能也是必要的。在传统的思想意识中，人们认为思想政治教育实效性不足，多数原因是学校和各部门思想政治教育工作有待进一步加强。同理，思想政治理论课实效性有待进一步加强，总是在教材、教师以及教学方法、教学内容、教学技巧等方面找原因，往往会忽略思想政治教育环境的消极影响。因此，加强大学生的思想政治教育，净化社会环境显得更加重要。

一、优化社会环境是改变人们对思想政治理论课认知的关键

首先是优化经济环境。经过改革开放的不断深化和社会主义市场经济的深入发展，极大丰富了物质财富和精神财富，市场经济带动了社会竞争，激发了

① 邱伟光，张耀灿．思想政治教育学原理［M］．北京：高等教育出版社，1999：160.

人们的创新意识、效率意识，但也出现了一些不良的社会现象（如享乐主义、拜金主义），公平、正义、诚实守信、勤俭节约、吃苦耐劳等优良传统受到了挑战。思想政治理论课对大学生进行系统的马克思主义理论教育，帮助大学生树立正确的世界观、人生观和价值观，是“铸魂育人”“树德立人”的主渠道。当社会上出现一些不良现象时，一些人却把产生社会不良现象的原因归咎于思想政治教育效果不佳，而正在接受思想政治理论课的个别大学生可能受此观点影响。他们会认为思想政治理论课脱离实际，因为在思想政治理论课上接受的教育，有些在现实生活中会行不通；或者会认为社会上各行各业的从业者都是接受了思想政治教育的人群，然而社会上却还是会发生这样或那样的不良现象，所以他们得出思想政治理论课的效果不够明显，使思想政治教育处在较为被动的境地。因此，应优化经济环境，提升整体社会成员的思想道德素养，改变人们对思想政治理论教育效果不佳的印象，让思想政治理论教育得到应有的客观评价。其次是优化政治环境。随着我国综合国力的不断增强、国际地位的不断提高、国际话语权的不断提升，让世人看到了马克思主义在中国的强大生命力，看到了中国共产党的卓越执政能力，看到了社会主义道路在中国越走越宽。但个别党员干部贪污腐败、不作为或者少作为，严重影响着党和国家的形象；多元化社会思潮迷惑着人们的思想认知，混淆着人们的价值判断。优化政治环境，坚持和加强党的全面领导，增强党的自我净化能力，加强党员领导干部教育，增强党员干部为人民服务的意识，坚持走群众路线，从群众中来、到群众中去，党员干部要充分做好人民的公仆。只有这样，政治环境才能得到优化，党和国家的凝聚力才会更强，在面对西方思潮和价值观念冲击时，人们才能够不被错误思潮所迷惑，增强抵制错误思潮的免疫力。只有优化政治环境，在思想政治理论课上向大学生讲授中国共产党代表最广大人民的根本利益，坚持中国共产党的领导是中国的正确选择，坚持走中国特色社会主义道路是中国的唯一选择时，才更有说服力和号召力，从而改变大学生对思想政治理论课的片面认知。

优化经济环境和政治环境，需要从两个方面着手进行。一是国家要加大监管力度。加强立法，严格执法，加大监督，惩治违法犯罪、贪污腐败。二是加强公民道德素质教育。公民道德素质建设属于精神文明建设范畴，这不仅需要学校在课堂上进行系统化教育，还需要整个社会的努力。社会文明道德风尚的提高需要媒体客观、正能量的舆论导向。媒体的舆论传播影响着整个社会的精神面貌。网络媒体的迅猛发展，使得媒体传播极具便捷性和随意性。虽然主流媒体为我们带来了客观公正的时事观点，传递着正能量，但是有些媒体尤其是随着新兴媒体的迅猛发展，各家自说自话，对有些事件报道过度解读或蓄意解读，影响着公众的价值判断和价值选择。媒体人的职业道德和社会责任既需媒体人自己担当，也需国家和政府加大监管，社会公众也要参与到净化社会空气的舆论氛围中。社会文明道德风尚的提高需要基层社区的宣传教育。基层社区最了解本社区的各种具体情况，通过宣传、举办社区活动（如升旗、讲座等），加强公民思想道德教育，增进社区居民感情，增强社区居民思想道德素养。社会文明道德风尚的提高需要公民自身的努力。社会是由一个个单独个体构成的，每个个体的道德素养共同构筑了公民的整体道德素养。只有每个个体的道德素养提高了，整个社会的道德素养才会得到提升。作为社会个体存在，个人要意识到为社会贡献一份力量的责任和义务。

营造良好的思想政治理论学习氛围，使思想政治理论课的重要地位不断得到强化。党和国家历来重视思想政治教育，进入新时代，党和国家将思想政治理论课的地位提高到前所未有的高度，2016年召开的全国高校思想政治工作会议，使思想政治理论课的地位和作用得到了进一步强化。2019年召开的学校思想政治理论课教师座谈会，让思想政治理论课教师备受鼓舞。2024年5月，习近平总书记对学校思政课建设作出重要指示，强调各级党委（党组）要把思政课建设摆上重要议程，各级各类学校要自觉担起主体责任，不断开创新时代思政教育新局面。党和国家的高度重视，为学校开展思想政治理论教育营造了良好的学习氛围。大中小学要充分利用这种良好的学习氛围，推进思想政治理论课内涵式发展。在中小学，首先需要学校和教师努力转变和引导学生及其家长对德育课“副科”“小学科”等的偏见认知，要站在培养学生核心素养发展的高度来塑造德育学科的课程观。在高校，思想政治理论课是事关党和国家培养什么样的人、为谁培养人及怎样培养人的大事，因为思想政治理论课是引导大学生树立正确的世界观、人生观和价值观的课程。如果大学生的世界观、人生观和价值观不正确，掌握再多的科学知识、再先进的技术，在步入社会以后也很难保证能为社会作出贡献。在党和国家高度重视思想政治理论课教学的大环境下，全员育人、全过程育人、全方位育人的教育理念不断得到强化，思政课程与课程思政协同育人、不断推进。高校思想政治理论课教学要抓好这个时机，进一步强化课程建设，让思想政治理论课教师的教学氛围更加热烈，让思想政治理论课学习的好氛围更加浓厚，让人们对思想政治理论课拥有新的、更加客观的认知。

二、充分开展校园文化活动，营造思想政治理论学习氛围

大学校园文化活动是大学生校园生活的重要组成部分，是大学生的第二课程。大学校园文化活动的丰富程度和质量高低反映着整个大学校园的精神风貌和文化氛围。大学校园文化活动是锻炼大学生组织协调能力和拓展综合素质的平台，是培养大学生责任意识的主要阵地。通过不同校园文化活动营造思想政治理论学习氛围，可以有效提高思想政治理论课的教学影响力。组建大学生思想政治理论学习宣讲团，是将理论与实践相结合的最优途径。习近平总书记强调，办好思政课，就是要开展马克思主义理论教育，用新时代中国特色社会主义思想铸魂育人，引导学生增强中国特色社会主义道路自信、理论自信、制度自信、文化自信。思想政治理论课应一直遵循这个宗旨。习近平总书记还强调，“要下大决心培养一批立场坚定、功底扎实、经验丰富的马克思主义学者，特别是要培养一大批青年马克思主义者”①。让这些坚定的青年马克思主义者再去影响他们的同辈，同辈之间的影响力是巨大的，他们的思想和言行往往深刻影响着一代年轻人。高校可以组织一批思想坚定、积极上进、对马克思主义坚决拥护的大学生组建宣讲团，由他们向大学生群体宣传讲解马克思主义理论，营造良好的思想政治理论学习氛围。当周围形成了某种氛围后，会逐步吸引更多的人参与进来。根据社会心理学的从众心理，人们不想成为被别人孤立的人，一旦某种氛围形成，慢慢地会被越来越多的人关注并最终认可。组建大学生思想政治理论宣讲团，让大学生影响大学生群体，具有较大说服力。

三、发挥家庭教育对大学生成长成才的作用

家庭在孩子成长成才过程中起着举足轻重的作用，家庭中家长的言传身教对子女的思想具有潜移默化的示范作用，提高家长的素质是搞好家庭环境建设的根本。②重视家庭教育，充分发挥家庭教育的作用，使家庭教育与学校教育形成合力，为大学生的发展成长保驾护航。

社会有为家庭教育提供帮助的责任。社会是由家庭构成的，家庭是社会的细胞。家庭是人类社会生活的最基本组织形式，是每个人最基本的生存环境。

① 侠客岛. 关于教育，这是习近平的最新思考［N］. 光明日报，2017-01-03（1）.

② 邱伟光，张耀灿. 思想政治教育学原理［M］. 北京：高等教育出版社，1999：155.

家庭在引导个人走向社会的过程中，起到了桥梁和纽带的作用。因此，家庭教育在一个人的成长成才过程中，发挥着无可替代的作用。家庭教育是指在家庭互动过程中，父母对子女进行有意识、有目的的说教、影响，它是人类教育实践的重要途径。家庭教育具有导向、示范、熏陶、制约等作用，即使到了大学阶段，家庭教育仍具有十分重要的现实意义。中共中央印发的《关于进一步加强和改进学校德育工作的若干意见》强调要“吸收家长参加德育过程”，中共中央、国务院发出的《关于进一步加强和改进大学生思想政治教育的意见》中再次强调“学校要探索建立与大学生家庭联系沟通的机制，相互配合对学生进行思想政治教育”。家庭是社会的有机组成部分，每个自然小家庭的和睦温馨为社会的和谐稳定奠定基础，只有每个小家庭和睦安定了，社会的和谐才有保障。因此，对于家庭教育，社会有责任提供援助。由于我国传统“家长制”的家庭教育模式制约着家庭教育的健康发展，不能够满足现代社会发展，所以社会应该承担起转变家庭教育状况的责任，为家庭教育提供援助。例如，有些学校建立的家长联系制、家委会、家长学校等，能够为家庭教育提供帮助。

更新家长教育理念。再大的资源差异，也比不过父母心态的差异。家庭教育可以用来补充学校教育。在家庭教育中，首先需要改变家长的教育理念，家长要有重视家庭教育的意识。家庭教育对孩子的成长成才有着举足轻重的作用。学校教育多集中于文化知识的传授，而家庭教育是学生品德、人格健全发展的重要保障。家庭教育对学生品德的养成有着不可推卸的责任和义务，这不仅是学生成长成才的需要，也是社会发展的需要。家长应该转变教育理念，把对孩子成绩的单一功利追求转移到对孩子健康心理、高尚品德、健全人格和学业有成的多元追求上。“棍棒底下出孝子”“家长制”“好好学习，考上大学是唯一出路”等传统思想理念需要家长重新厘定。家长要重新思考家庭教育的本质是什么，如何定位家庭教育，家庭教育的使命是什么。家庭教育需要家长的行为示范。家长对孩子最好的教育就是榜样示范。如马卡连柯所说，“不要以为只有你们同孩子谈话，或教导孩子、命令孩子的时候，才是在教育孩子。在你们生活的每一瞬间，甚至当你们不在家的时候，都在教育着孩子。你们怎样穿衣服，怎样跟别人谈话，怎样谈论其他的人，你们怎样表示欢欣和不快，怎样对待朋友和仇敌，怎样笑，怎样读报——所有这些对儿童都有很大的意义。你们的态度神色上的少许变化，孩子都能看得到和感觉到。你们思想上的一切转变，无形之中都会影响到孩子，不过你们没有注意到罢了。如果你们在家里粗野暴躁、夸口傲慢或酩酊醉酒，再坏一些甚至侮辱母亲，那么，你们就已经不必考虑教育问题了，因为你们已经教育了你们的孩子，而且教育得很糟，任何好的建议和方法对你们都不能有所帮助”①。家庭教育也应该注重方式方法，将孩子作为独立的个体与其平等对话，父母不能为了家长的权威只顾说教，更重要的是以家庭的和睦来感化、用爱和理解来温暖孩子的心灵，父母还应关注孩子的心理健康。如果家长望子成龙、望女成凤，那么需要家长带头积极要求上进。在孩子品德发展过程中，家长的言行举止、行为习惯都潜移默化地影响孩子的意识，并逐步转化成孩子自己的言行举止。孩子是家长的镜子，家长要注意从孩子的身上找出自己的问题，自觉改正不良行为习惯，为孩子做典范、树典型。

第三节　加强思想政治理论课自身建设，满足大学生心理期待

打铁必须自身硬。思想政治理论课教学满意度和教学效果的提高，主要还是需要加强自身建设。在准确把握大学生对思想政治理论课教学期待的基础上，加强思想政治理论课教师队伍建设，优化思想政治理论课教学内容，加快思想政治理论课教学方法改革，是提高思想政治理论课满意度、增强思想政治理论课教学效果的突破点。

一、准确把握大学生的期待是提高思想政治理论课教学效果的前提

“期待”一词在《现代汉语词典》（第7版）中被解释为“期望；等待”。“期望”是指对未来某事物抱有的希望，“等待”是指期望的发展指向。大学生对思想政治理论课的期望是指大学生希望从思想政治理论课中获取什么样的知识、取得什么样的进步，等待思想政治理论课来满足自己的哪些需要。这种等待是因为有期望和希望，而且期望和希望能被满足。2016年，习近平总书记在全国高校思想政治工作会议上指出，思想政治理论课要坚持在改进中加强，

① 吴式颖，等. 马卡连柯教育文集：下卷［M］. 北京：人民教育出版社，2004：486.

提升思想政治教育亲和力和针对性，满足学生成长发展需求和期待。2022年4月25日，习近平总书记在中国人民大学考察时强调："思想政治理论课能否在立德树人中发挥应有作用，关键看重视不重视、适应不适应、做得好不好。"[①]这里的"适应不适应"内含着"适应人的变化特别是当代大学生的变化和需要"[②]。而大学生到底有哪些成长需求和期待有待思想政治理论课给予满足和解答，需要我们深入探寻和研究。

高校思想政治工作事关高校培养什么样的人、如何培养人及为谁培养人的根本问题。2024年5月，习近平总书记对学校思政课建设作出重要指示：新时代新征程上，思政课建设面临新形势新任务，必须有新气象新作为。[③]如何根据思想政治理论课面临的新形势新任务，让思想政治理论课建设呈现新气象，让思想政治理论课展现新作为，最根本的是要研究学生具体想听什么、想听教师怎样讲，也就是学生在思想政治理论课教学中有哪些期望和等待教师解答的问题与疑惑。只有把握住了学生在思想政治理论课教学中的期待，教师的教学内容、教学手段才有改进和完善的针对性及可操作性，才能够让思想政治理论课呈现新气象，展现新作为。

1. 大学生对思想政治理论课教师的期待

"师者，所以传道受业解惑也。"教师被赞誉为"人类灵魂的工程师"，思想政治理论课是向大学生传递理想信念、传播真理价值的课程。思想政治理论课教师是教师队伍中塑造灵魂、塑造生命、塑造人的排头兵，是大学生思想引导和价值观塑造的人生导师，他们对大学生思想、观念、言行的影响最为直接。教师是架起大学生与思想政治理论课的桥梁，在大学生接受整个思想政治理论课教学过程中，教师是大学生面对的最具体化的存在。科学研究表明，具体存在要比抽象存在更能引起人们注意。因此，教师的一切都是影响大学生接受思想政治理论课的重要因素。大学生对教师有着怎样的期待在很大程度上影响他们接受思想政治理论课的效果。从本书所述研究的调查结果中可知，大学生对教师有很多期待，教师的学识、人格魅力、言行举止都是大学生期待的视角。教师需要通过不断学习最新理论知识、增强人格魅力、提高修养素质来满

① 习近平在中国人民大学考察时强调：坚持党的领导传承红色基因扎根中国大地 走出一条建设中国特色世界一流大学新路［N］. 人民日报，2022-04-26（1）.

② 刘建军，朱倩. 论思想政治理论课的社会适应与自我调适［J］. 思想理论教育，2022（7）：75.

③ 习近平对学校思政课建设作出重要指示：不断开创新时代思政教育新局面 努力培养更多让党放心爱国奉献担当民族复兴重任的时代新人［EB/OL］.（2024-05-11）［2024-06-08］. https://www.gov.cn/yaowen/liebiao/202405/content_6950473.htm.

足大学生的期待，进而为增强思想政治理论课的亲和力与吸引力添加砝码。

2. 大学生对思想政治理论课教学内容的期待

思想政治理论课教学内容是国家意识形态的集中体现，承载着大量理想信念、社会规范和价值观念的信息。思想政治理论课教学内容是思想政治理论课的血肉，使思想政治理论课变得饱满、具体。大学生对思想政治理论课教学内容的期待，既是对理论知识的渴求，又是对自我成长的愿想。什么样的教学内容是大学生感兴趣的，什么样的教学内容能够解答大学生思想上的困惑，什么样的教学内容符合大学生的身心发展需要，什么样的教学内容能够激发大学生的深度思考，什么样的教学内容能够赋予大学生正能量，根据《中国大学生思想政治教育发展报告2020》的调查，大学生对思想政治理论课的教学内容提出的建议是“密切与现实生活的联系”“积极回应理论热点问题”等。这些都是大学生对思想政治理论课教学内容的渴求和期待。只有准确把握大学生对思想政治理论课教学内容的期待，才能在具体的教学内容中进行精雕细琢，有针对性地认真打磨教学内容，逐步改善大学生以往对思想政治理论课教学内容的心理定势，进而从整体上改善他们对思想政治理论课的消极心理认知。

3. 大学生对思想政治理论课教学方法的期待

教学方法是指为了实现一定的教学目标，师生在教学活动中所采取的方式与手段，是教师教授方法和学生学习方法的组合。苏霍姆林斯基认为，教学首先在于激发学生的爱好和兴趣。感兴趣、愿意听是大学生学好思想政治理论课的前提。只有大学生喜欢了，才愿意接受和学习，思想政治理论课要传达的价值观才能被大学生认可。大学生对思想政治理论课教学方法的期待，就是以怎样的方式、手段、路径将思想政治理论课的价值理念和道德规范传递给他们，使他们乐于接受，并能内化于心、外化于行。从本书所述研究的调查结果中得知，在具体教学过程中，大学生对思想政治理论课最大的期待是能够多参与，他们有着强烈的参与意愿。这与《中国大学生思想政治教育发展报告2020》中大学生希望“加强师生互动交流”的调查结论类似。满足大学生的课堂参与意愿，是满足他们获得感、成就感的重要体现。

期待视野理论为我们在思想政治理论课教学中满足大学生的期待提供了参考。期待视野被借鉴到思想政治教育中便有了新的含义，主要是指受教育者在以前的生活、学习过程中形成的认知水平、思想水平、人生经验和价值观与当前的教育情境相互作用而产生的对教育过程或结果的预见。它潜在地支配着受教育者对教育的接受态度及意向。大学生的期待视野不是生而有之的，而是在后天生活、教育中逐渐培养起来的。其中，社会制度的心理因素与民族传统的心理因素及深层的人类共同心理因素相融合，构成了人们期待视野的同一性。而大学生所处的时代环境、家庭条件和其生活经历等因素的变化，又决定了大学生期待视野的差异性。大学生期待视野是在不断变化、无限循环中形成的，它会随着年龄增长、生活阅历丰富和受教育程度的加深而得到不断更新及丰富。因此，在具体的思想政治理论课教学过程中，应关注大学生的期待视野，对大学生进行多方面、全方位的了解，只有这样，才能真正做到了解大学生、理解大学生，在具体的教学过程中有针对性地满足他们的期待，从而提高思想政治理论课亲和力和吸引力。

二、加强思想政治理论课教师队伍建设是关键

2014年9月9日，习近平总书记在同北京师范大学师生代表座谈时强调："今天的学生就是未来实现中华民族伟大复兴中国梦的主力军，广大教师就是打造这支中华民族'梦之队'的筑梦人。希望全国广大教师把全部精力和满腔真情献给教育事业，在教书育人的工作中不断创造新业绩。"[①]2019年，习近平总书记主持召开学校思想政治理论课教师座谈会上强调，办好思想政治理论课关键在教师。2020年1月16日，教育部颁布的《新时代高等学校思想政治理论课教师队伍建设规定》（中华人民共和国教育部令第46号）中明确指出，"思政课教师是指承担高等学校思政课教育教学和研究职责的专兼职教师，是高等学校教师队伍中承担开展马克思主义理论教育、用习近平新时代中国特色社会主义思想铸魂育人的中坚力量"；还指出"主管教育部门、高等学校应当加强思政课教师队伍建设，把思政课教师队伍建设纳入教育事业发展和干部人才队伍建设总体规划"。2022年4月25日，习近平总书记在中国人民大学考察时强调，"老师应该有言为士则、行为世范的自觉，不断提高自身道德修养，以模范行为影响和带动学生，做学生为学、为事、为人的大先生"[②]。2023年教师节前夕，习近平总书记针对广大教师应该拥有的精神品质，提出了"心有大我、至诚报国的理想信念，言为士则、行为世范的道德情操，启智润心、因

① 习近平. 做党和人民满意的好老师：同北京师范大学师生代表座谈时的讲话（2014年9月9日）[N]. 人民日报，2014-09-10（2）.

② 习近平在中国人民大学考察时强调：坚持党的领导传承红色基因扎根中国大地走出一条建设中国特色世界一流大学新路[N]. 人民日报，2022-04-26（1）.

材施教的育人智慧，勤学笃行、求是创新的躬耕态度，乐教爱生、甘于奉献的仁爱之心，胸怀天下、以文化人的弘道追求”[①]六项要求的教育家精神。大学生对思想政治理论课的认知，在很大程度上受到思想政治理论课教师的影响，加强思想政治理论课教师队伍建设，是强化大学生对思想政治理论课积极心理定势的关键。

加强思想政治理论课教师队伍建设，就要培养一批关爱学生、热爱教育的好老师。好教师要怀着两颗心，一颗是对所从事教学事业的自信心，一颗是对学生的爱心。一名好教师既是对自己负责任的教师，也是严格要求自己的教师，不仅要求自己教学本领过硬，严于律己，还要求自己尊重差异。教学本领过硬、教好书是教师的天职，这既是对自己负责、对学生负责的基本要求，也是对党和人民的交代，是关爱学生最基本的要求。关爱学生，除了向学生传授知识，还要在平时的学习生活中帮助他们积极面对自身发展遇到的问题，引导他们克服自身存在的问题，并尊重学生的人格特征和个体差异。不能单纯地把学生作为被教育的个体，而要平等地将学生作为一个有思想、有感情、有尊严的个体，与学生平等对话，不能颐指气使，要把对学生的教育作为一种引导，而不是一种规约。在教师队伍中，思想政治理论课教师在一定程度上有着比其他课程教师更强烈的责任担当。思想政治理论课教师首先应是思想道德品质方面的标兵。思想政治理论课教师是统治阶级意识形态的宣传者和维护者，“既然他们作为一个阶级进行统治，并且决定着某一历史时代的整个面貌，那么，不言而喻，他们在这个历史时代的一切领域中也会这样做，就是说，他们还作为思维着的人，作为思想的生产者进行统治，他们调节着自己时代的思想的生产和分配”[②]。思想政治理论课教师向学生传递统治阶级意识形态的过程中，自己为思维着的个体，有着自己的思想和思维能力，他们会按照统治阶级的意识形态要求用自己的思想表达出来传递给学生。在无产阶级领导的国家，没有了统治阶级和被统治阶级的对抗，无产阶级作为领导阶级，团结带领广大人民群众创建美好生活。中华人民共和国是工人阶级领导的、以工农联盟为基础的人民民主专政的社会主义国家，中国共产党领导是中国特色社会主义最本质的特征。在中国共产党的领导下，中国经历了救国、兴国、富国和强国的历史时期。思想政治理论课教师作为不同历史时期的调节自己时代的思想的生产和分

① 大力弘扬教育家精神 加快建设教育强国：写在第四十个教师节［N］. 人民日报，2024-09-10（3）.

② 马克思，恩格斯. 德意志意识形态［M］// 马克思，恩格斯. 马克思恩格斯选集：第1卷. 北京：人民出版社，2012：179.

配的中坚力量和职业队伍，在坚定维护中国共产党领导地位的同时，还应积极宣传党的路线方针政策，实现社会成员的广泛共识。

思想政治理论课教师要树立良好的形象，教师的良好形象是提高思想政治理论课吸引力的关键所在。思想政治理论教育的特殊性要求思想政治理论课教师运用个性化方式授课。学生渴求思想政治理论课教师具有人格魅力，而人格魅力来源于一个人长期以来的生活阅历和知识积累。每个人的人生阅历不尽相同，热爱生活、遵从自己内心成长的人长期积淀下来形成了自己的风格，不会随波逐流，有自己的内心定力，有丰富的知识积累，并能将知识活学活用，不拘泥于书本，有自己独到的见解，有远见，这样的教师是充满人格魅力的教师。“在思想政治理论课课堂上，学生不仅希望通过课程解决自己成长中的实际问题，还喜欢听到授课教师对某一问题深入、精辟、独到的见解。如果教师没有一定的学术素养和科研能力作支撑，对课程问题缺少深入的思考，无法展示理论的深度和魅力，其教学很难达到高水平、高质量。”①俄国教育家乌申斯基曾经说过，任何规章、任何教学大纲无论设计得多么奥妙，在教育中都不可能代替教育者的形象魅力。思想政治教育工作者的形象直接影响着思想政治教育的吸引力。“思想政治教育是否具有吸引力，很大程度上取决于教育者是否具有吸引力，而教育者的吸引力集中表现在其形象上。”②教师的人格魅力在教学中和学生心目中占据重要地位，提升教师的人格魅力，是打开学生心扉的钥匙，容易引导学生进入思想政治理论课的学习。③“学高为师、身正为范”，教师要“育人先育己”，想把学生培养成什么样的人首先自己要先成为什么样的人。以身作则、率先垂范，让教师“成为学生做人的镜子”，以高尚的道德情操和人格魅力感染学生，以模范的言谈举止引领学生。

专业知识和学科氛围潜移默化地影响着人的内在品质和外在形象。思想政治教育自身所具有的严肃性在一定程度上影响着人们对思想政治理论课教师的印象。因此，思想政治理论课教师要特别注意自身的言行举止，增加亲和力，避免给人留下刻板的印象。思想政治理论课教学是一门综合性很强的教育活动，涉及政治学、哲学、伦理学、心理学等多学科知识，思想政治理论课教师

① 袁新荣.高校思想政治理论课教学中的娱乐化倾向质疑［J］.当代教育理论与实践，2014，6（12）：120.

② 王孝如，王立仁.思想政治教育形象解析［J］.理论视野，2017（10）：19.

③ 陈淑庄.当代大学生对思想政治理论课价值取向的探讨分析［J］.广西教育学院学报，2010（4）：119.

要始终坚持多学科多方面知识的学习，在课堂上用渊博的知识、深邃的思想、敏锐的洞察力尽显学者和智者形象，但不要给人造成只会进行说教的形象。教师在教学过程中还要注意教育艺术，创新教育方法，以大学生喜闻乐见的形式开展教育。鉴于思想政治理论课教师所肩负的特殊使命，他们除了要从内在品质和外在形象上进行自我塑造外，还应采取切实可行的制度和激励办法来增强思想政治理论课教师的荣誉感、使命感和责任感，激发教师的积极性和创造性，增强教师的学科自觉自信，从而树立良好的思想政治理论课教师形象。

自信是教师展现人格魅力的驱动力。教师的人格魅力来源于自信，因此，他们首先要建立自信。自信是个体对自己的积极肯定和确认程度，是对自身能力、价值等作出客观的正向认知与评价的一种稳定的人格特征。自信对激发人的意志力、发挥个体创造性潜力和取得人生成功具有很大影响。①教师自信主要集中于教学自信，它能使教师高度认可自己所从事教学事业的意义和价值，教学自信是教师充分发挥能动性的内在源泉。2019年3月，习近平总书记在学校思想政治理论课教师座谈会上强调，办好思政课最重要的是解决好信心问题。习近平指出，思政课教师本身都不信，还怎么教学生？然而，现实中，思想政治理论课教师的教学自信、学科自信并不乐观。

在思想政治理论课价值功能日显突出的现今，如何提升思想政治理论课教师的自信异常重要。高校教师要坚持教育者先受教育，努力成为先进思想文化的传播者、党执政的坚定支持者，更好担起学生健康成长指导者和引路人的责任。2016年，在全国高校思想政治工作会议中，国家将高校思想政治工作提升到相当高的位置，将高校思想政治工作视为事关办什么样的大学、怎样办大学的根本问题，事关党对高校的领导，事关中国特色社会主义事业后继有人的一项重大政治任务和战略工程。2019年3月18日召开的学校思想政治理论课教师座谈会更加凸显了思想政治理论课教师的作用和地位。2024年5月11日，习近平总书记对学校思政课建设作出重要指示强调，不断开创新时代思政教育新局面，努力培养更多让党放心、爱国奉献、担当民族复兴重任的时代新人。党和国家将高校思想政治工作的重要性上升到这种高度，对从事思想政治教育者，特别是从事思想政治理论课教学的教师来说，是一个树立自信的后盾，让思想政治理论课教师可以腰杆硬、底气足地开展思政理论课教学。

① 胡贵勇，刘艳，李明刚．教师的教学自信及其形成［J］．山东社会科学，2015（5）：114.

打铁必须自身硬，党和国家重视思想政治理论课教学只是树立思想政治理论课教师自信的外因，真正的自信还需要思想政治理论课教师自己对自己的打造和磨炼。学高为师、身正为范，在一定程度上，思想政治理论课教师立德树人的示范教育功能更加强大，教师要意识到自己的责任所在，要处处为人师表。在知识讲解上，教师需要不断探索；在教学方法上，教师需要像工匠一样打磨教学的手艺。

根据教师不同特点实施教师分流是教师队伍建设的有效之路。能讲课、会讲课的教师和能做科研、会做科研的教师应分工协作。但现实中，高校教师科研压力重重，为了晋升职称和科研考核，所有教师不仅要兼顾教学，更要兼顾科研，而科研作为职称评审、年终考核的重要指标，使得一些原本热衷教学、善于教学的教师不得不将大部分精力用于科研，那些不善于讲课但善于做科研的教师也得走上讲台，这种现象普遍存在于全国各高校。如果能够采用分流的方式将教师进行分流，让会讲课、有激情、善讲课的教师多承担教学任务，让不善讲课而善做科研的教师多承担科研任务，在职称评审和年终考核时，区分两类教师的考核标准，那么可以达到各尽所需、各献所才的效果。

三、优化思想政治理论课教学内容是重点

明确把握思想政治理论课教学内容的培养目标。高校思想政治理论课的具体课程主要包括“思想道德与法治”“马克思主义基本原理概论”“中国近现代史纲要”“毛泽东思想和中国特色社会主义理论体系概论”“习近平新时代中国特色社会主义思想概论”“形势与政策”及其他思想政治理论教育选修课程。明确每门课程的培养目标，在具体的教学过程中能够更具针对性地组织教学内容。“思想道德与法治”课程是为了帮助大学生探寻自我发展，确立正确的人生观，树立规范意识；“马克思主义基本原理概论”课程回答了为什么要始终坚持马克思主义在我国意识形态的指导地位，帮助大学生掌握正确的世界观和方法论；“中国近现代史纲要”课程回答了“四个选择”，即历史和人民选择了马克思主义、选择了中国共产党、选择了社会主义道路、选择了改革开放，帮助大学生正确认识历史，确立正确的历史观；“毛泽东思想和中国特色社会主义理论体系概论”课程回答了我国为什么必须要坚持中国共产党的领导，坚持多党合作和政治协商制度，帮助大学生认清现实、确立正确的国情观；“习近平新时代中国特色社会主义思想概论”课程回答了新时代坚持和发展什么样的

中国特色社会主义、怎样坚持和发展中国特色社会主义、建设什么样的社会主义现代化强国、怎样建设社会主义现代化强国、建设什么样长期执政的马克思主义政党、怎样建设长期执政的马克思主义政党等重大时代课题，教育引导学生增强“四个意识”、坚定“四个自信”、做到“两个维护”；“形势与政策”课程是为了让大学生及时了解国内外热点问题、重大事件，认清国际国内形势。统筹推进思想政治课课程内容建设，坚持用习近平新时代中国特色社会主义思想铸魂育人，以政治认同、家国情怀、道德修养、法治意识、文化素养为重点，以爱党、爱国、爱社会主义、爱人民、爱集体为主线，坚持爱国和爱党、爱社会主义相统一，系统开展马克思主义理论教育，系统进行中国特色社会主义和中国梦教育、社会主义核心价值观教育、法治教育、劳动教育、心理健康教育、中华优秀传统文化教育。

思想政治理论课的教学内容紧跟社会发展和时代要求，并不断丰富和完善。从本书所述研究的调查结果中发现，大学生对思想政治理论课的教学内容有着高度期待，他们希望能够更多地接受和了解中华优秀传统文化。中华优秀传统文化是中华民族绵延不断的瑰宝，是整个中华民族智慧的结晶。大学生热爱中华优秀传统文化，是他们热爱中华民族和伟大中国的映射。如何在思想政治理论课中糅合更多的中华优秀传统文化，是满足大学生心理期待的有效途径。在思想政治理论课的具体教学过程中，向大学生宣传阐释中国特色，就必须做到“四个讲清楚”。“四个讲清楚”即要讲清楚每个国家和民族的历史传统、文化积淀、基本国情不同，其发展道路必然有着自己的特色；讲清楚中华文化积淀着中华民族最深沉的精神追求，是中华民族生生不息、发展壮大的丰厚滋养；讲清楚中华优秀传统文化是中华民族的突出优势，是我们最深厚的文化软实力；讲清楚中国特色社会主义植根于中华文化沃土、反映中国人民意愿、适应中国和时代发展进步要求，有着深厚历史渊源和广泛现实基础。中华民族创造了源远流长的中华文化，中华民族也一定能够创造出中华文化新的辉煌。①

紧跟时代发展步伐，让最新理论走进思想政治理论课堂。2022年10月31日，中央教育工作领导小组秘书组、教育部党组根据中央统一部署，结合教育系统实际，印发《关于教育系统深入学习宣传贯彻党的二十大精神的通知》（以下简称《通知》）。《通知》指出，要充分认识党的二十大的重大意义，准

① 习近平. 习近平谈治国理政：第1卷［M］. 2版. 北京：外文出版社，2018：156.

确把握党的二十大精神的核心要义，将党的二十大精神有机融入思政课教学和专业课教育教学。“马克思主义基本原理概论”课程要着重从世界观、方法论的角度，讲清楚习近平新时代中国特色社会主义思想坚持并创造性地运用了马克思主义基本原理的基本立场、基本观点和基本方法，是具有原创性、时代性的21世纪中国的马克思主义；讲清楚习近平新时代中国特色社会主义思想是中国特色社会主义理论体系的重要组成部分，是马克思主义中国化的最新成果，使大学生不断深化对马克思主义基本原理的认识和把握。“毛泽东思想和中国特色社会主义理论体系概论”课程及“习近平新时代中国特色社会主义思想概论”课程在全面体现党的二十大精神的基础上，要着重从中国共产党把马克思主义基本原理同中国具体实际相结合、同中华优秀传统文化相结合的理论和实践创新的角度，讲清楚中国特色社会主义是改革开放以来党的全部理论和实践的主题；讲清楚习近平新时代中国特色社会主义思想的历史地位、丰富内涵；讲清楚习近平新时代中国特色社会主义思想，是对马克思列宁主义、毛泽东思想、邓小平理论、“三个代表”重要思想、科学发展观的继承和发展，展现了中国化马克思主义的发展脉络和逻辑体系，使大学生不断坚定中国特色社会主义共同理想。“中国近现代史纲要”课程在全面体现党的二十大精神的基础上，着重从中国近现代史发展进程和马克思主义历史观的角度，讲清楚二十大报告中对于重大历史事件、历史任务、历史事实以及对中国特色社会主义历史方位的判断；讲清楚党的十八大以来，在以习近平同志为核心的党中央领导下社会主义现代化建设取得的历史性成就；讲清楚习近平新时代中国特色社会主义思想中所包含的深刻唯物史观，尤其是党史观、中国近现代史观，引导大学生正确认识国史、国情。“思想道德与法治”课程在全面体现党的二十大精神的基础上，要着重从道德教育和法治教育的角度，讲清楚要自觉用习近平新时代中国特色社会主义思想武装头脑；讲清楚社会主义核心价值体系、社会主义核心价值观的科学内涵；讲清楚把党的领导贯彻落实到全面依法治国全过程和各方面，帮助大学生自觉成为担当民族复兴大任的时代新人，成为德智体美劳全面发展的中国特色社会主义事业建设者和接班人。

思想政治理论课教学内容要具有现实针对性和亲和力。教育内容的现实针对性是指针对客观实际制定教育内容，既要关注社会生活实际，又要关注受教育者的思想实际，并最终解决实际问题。思想政治教育是否具有科学性，取决于教育内容是否切实地贴近社会现实，是否贴近受教育者的思想实际，是否遵循受教育者思想发展的特点和规律，即思想政治教育内容是否具有较强的现实针对性，事关受教育者对接受教育的根本态度。远离社会现实生活的理论内容和话语体系容易给人说教感，使人敬而远之，甚至产生腻烦和逆反，会对教育产生反感和排斥情绪，会使人们在面对现实问题时产生困惑、迷茫，甚至会产生对教育内容和教育者的不信任感。①教育内容的亲和力是指思想政治教育内容对受教育者所具有的吸引力、感召力和说服力，突出教育内容的亲和力才不会使教育内容显得刻板僵硬。那么，如何使教育内容具有亲和力呢？就是让受教育者从思想政治教育内容中找到存在感。所谓存在感，是指人精神上的需求和被关注的程度，也就是说，人在某种活动过程中，精神上越是得到满足和关注，存在感就越强；存在感越强，其参与该活动的积极性和可能性就越高，进而给其认知、情绪、情感及行为带来积极影响。思想政治教育内容给受教育者带来的存在感，就是教育内容给予受教育者精神需求方面多大程度的满足和关注，切实解决受教育者的问题与疑惑，使受教育者产生情感共鸣。

精耕细作教学内容。由于思想政治理论课教学内容饱含着国家的主流意识形态、核心价值观念，具有天然的理论性、政治性和严肃性，但这与我们要求的亲和力并行不悖。我们可以将教学内容精耕细作，把大学生觉得精深的、枯燥的内容讲得浅显易懂、生动有趣。现实中的切身体会告诉我们，人们总喜欢听听得懂的、熟悉的、有用的东西。马克思恩格斯也曾说，“在任何情况下，个人总是‘从自己出发的’……他们的需要即他们的本性”②。因为人们能从理解熟悉的事物中体会到似曾相识的亲切感，并从中找到体验感和获得感，体验感和获得感能够让人们感觉到实实在在的存在，不虚无、不缥缈。图式理论告诉我们，人们接受新事物是建立在已有认知基础上的，对事物的已有认知影响着人们接受新事物的效果。思想政治理论课教学内容也是一样，要想让学生喜欢接受，就要在了解学生认知的基础上，根据学生特点对教学内容进行加工，“即全面了解学生的思想现状和动态，充分考虑学生的思想需要，在满足学生自身需要的前提下，努力提升其社会需要”③。思想政治理论课作为高校开设的通识类课程，是让绝大多数大学生以通识的方式理解它，这就需要降低大学生的理解和接纳门槛。降低理解和接纳的门槛不是降低教学内容的难度和

① 熊建生. 论思想政治教育内容建构的时代性［J］. 中央民族大学学报（人文社会科学版），2012，32（6）：157.

② 马克思，恩格斯. 德意志意识形态［M］// 马克思，恩格斯. 马克思恩格斯全集：第3卷. 北京：人民出版社，1960：514.

③ 王万民. “期待视野” 在思想政治教育中的作用［J］. 思想教育研究，2006（6）：39.

深度，而是需要教师将高深的知识转化为通俗易懂的知识，将思想政治理论课要传达的教学内容信息像家长里短一样跟大学生交流沟通，这是对思想政治理论课教师提出的挑战和要求，不仅要求教师摸准吃透教学内容，还要将教学内容进行二次加工。

充分做好中学思想政治教学内容同高校思想政治理论课教学内容的有效衔接。中学所开设的政治、历史类课程与高校所开设的思想政治理论课教学内容有很多是交叉重复的，若无法避免，则要明确不同时期应有不同的目标要求。中学时期了解基础知识，可以只知其然而不知其所以然，但是大学时期要求分析解决问题，既要知其然还要知其所以然，目标层次拔高了。面对现实，教师不能推卸责任，将大学生对思想政治理论课的不重视归咎于他们已经学过，而是应该寻求办法解决中学政治、历史课教学内容与大学思想政治理论课教学内容的有效衔接问题。教育心理学中的学习迁移理论提示我们，原有知识影响着新的学习，而原有知识的巩固性对新的学习具有促进作用。大学生的认识能力、分析能力、逻辑思维能力都有了较大的提高，他们不仅需要知道是什么，更需要明白为什么的道理。在中学学习的基础上，将大学生已知的教学内容进行深加工、深挖掘，让已有认知推动大学生探索其认知的深度和广度。在教学中，教师不仅要让大学生了解相关的理论知识点，更要从深度上进行挖掘，引导大学生对所学的科学理论进行深入探讨和分析，使大学生在学习中能真懂真信，切实提高他们的理论素养，提高他们运用马克思主义立场、观点和方法分析问题和解决问题的能力。这样，既能让大学生对所接受的新教学内容有似曾相识的亲切感，又能加深他们的理解深度。马克思曾经说，“理论只要彻底，就能说服人。所谓彻底，就是抓住事物的根本。”①思想政治理论课应在教学内容上做到有理有据、分析透彻、充分展现真理的魅力，通过思想政治理论课自身的完善与发展，慢慢改变人们的评价与看法，淡化大学生的消极心理定势。

四、加快思想政治理论课教学方法、形式改革是动力

大学生在思想政治理论课堂上的参与意愿较强，如果教师在教学过程中能够为大学生提供更多的参与情境，使大学生的参与意愿得以实现，则为思想政治理论课教学效果的提高增加了可能性。泰勒强调：学生是一个主动的参与

① 马克思.《黑格尔法哲学批判》导言［M］// 马克思，恩格斯. 马克思恩格斯选集：第1卷. 北京：人民出版社，2012：10.

者，学生之所以参与，是因为环境中某些特征吸引他，学生对这些特征作出反应。教师的任务是要构建多种多样的情境，以便为每个学生提供有意义的经验。[①]

为大学生创造参与机会，增强大学生的体验感受。思想政治理论课不同于别的专业课程，它宣传的是国家主流意识形态，即社会主义核心价值观、社会道德规范，它在大学生个人成长过程中所起的作用令大学生自身无法明显感受到，这就影响大学生对思想政治理论课的接受热情和参与激情。马克思曾指出："人们奋斗所争取的一切，都同他们的利益有关。"[②]如何让大学生从思想政治理论课中得到利益？答案是让他们参与其中，感受到收获，有获得感。列宁在《怎么办?》一书中论证了灌输理论，他认为："工人本来也不可能有社会民主主义的意识。这种意识只能从外面灌输进去。"因此，向大学生灌输思想政治理论课教学内容要讲求方法。思政课教师可以引导学生定期阅读传统典籍、探讨社会热点问题，在沟通交流中分析不同学生的个性特点与潜在诉求，加深与学生之间的相互信任[③]，让学生深度参与到课堂教学中，提升教育沟通的有效性。

充分发挥教师语言传授能力，让教学更具艺术性。科学研究表明，人类的注意力和学习动力的时间是有限的，要引起大学生注意并不断激发他们学习的动力就是要不断满足他们的学习期待，但是不能让大学生明显感觉到别人是在教育他们。在思想政治理论课教学过程中，教师不能做知识的搬运工和国家意识形态的传话筒，教师要承担的角色是知识的转化者，即将马克思主义理论、国家意识形态、社会法律规范加工成学生听得懂、喜欢听的内容。在具体的教学过程中，教师要注重语言的使用，不断提高语言传授能力，用大学生听得懂、喜欢听的方式开展教学。让思想政治理论课充分发挥其主渠道的作用，以中国特色社会主义实践来诠释马克思主义理论，用中华优秀传统文化来引领道德教育，让大学生从实践中领略中国的道路自信、理论自信、制度自信、文化自信。

发挥仪式庆典在思想政治理论教育中的作用。仪式庆典的隐性教育功能近年来慢慢被人们所重视。以"仪式""思想政治理论教育"为关键词在中国知

---

① 泰勒. 课程与教学的基本原理［M］. 施良方，译. 北京：人民教育出版社，1999：23.

② 马克思. 第六届莱茵省议会的辩论［M］// 马克思，恩格斯. 马克思恩格斯全集：第1卷. 北京：人民出版社，1956：82.

③ 韩乃茂. 高校思想政治理论课教学方法改革创新［J］. 中学政治教学参考，2024（13）：87.

网进行检索，发现“仪式”教育一直受到学界研究者的关注。2020年，中共中央、国务院印发的《新时代爱国主义教育实施纲要》要求：“注重运用仪式礼仪，认真贯彻执行国旗法、国徽法、国歌法，学习宣传基本知识和国旗升挂、国徽使用、国歌奏唱礼仪。在全社会广泛开展‘同升国旗、同唱国歌’活动，让人们充分表达爱国情感。”关于仪式活动在思想政治理论教育中的作用及功能方面的研究，始终受到学界研究者的关注，也取得了相应的研究成果。仪式最强大的功能就是让人产生边界感。例如，升国旗仪式，看着冉冉升起的五星红旗，作为中国人的自豪感骤然跃起。

仪式教育依据的是“情境”教育理论。这种理论是指在特定的环境中，将受教育者的一切感觉和思维器官全面调动起来，从不同的侧面去触动受教育者的兴奋点，使其对教育内容产生兴趣和感情，让受教育者在理智与情感的交融中使学习效果达到最佳。仪式教育是将教育内容融入具体的教育环境当中，而不是停留在书本上的理论层面。仪式教育在相对较短的时间内以不同的手段、方式刺激受教育者的视觉、听觉等多个方面，以至引起受教育者的兴奋，使其对教育内容产生某种特殊感情。在特定的教育环境下，境生情、情入境，受教育者在情感作用支配下会情不自禁地对教育内容加以思考和领悟，并将这种思考和领悟提升到意识上来。美学理论认为，好的仪式在受教育者参与活动的过程中，通过“移情”作用使美感增强，从而也增强了教育效果。德国美学家李普斯认为，“移情”之所以会发生，是因为我们亲身经历的东西、我们的感觉、我们的努力、我们的意志都会移置到我们正在经历的事件中。受教育者带着某种特殊的感情参加仪式，很容易就能进入到情感上、精神上与仪式背后的思想内容进行交流的境地。

注意利用不同的仪式庆典进行潜移默化的思想政治教育。仪式庆典都具有主题突出、氛围隆重、规范统一的特点，它既是一种重要的思想政治教育资源，又是一种重要的思想政治教育形式。通过仪式庆典，大学生能够产生较强的体验感和参与感，能够从中受到心灵的洗礼和文化氛围的熏染，很容易产生情感共鸣，仪式中的人文情怀、科学精神、理想信念对大学生价值观的塑造形成了一种强大的合力。在大学新生入校时，应充分发挥仪式庆典的强大育人功能。例如，一场温暖人心的迎新晚会可以让大学新生对新环境不再陌生，一场场针对大学新生的“高品质的名家演说、学术报告等直接影响大学生的意识、思维和行为方式，给他们以信念的支撑和力量，激发大学生更高层次的精神追求和创新思想，树立崇高的理想目标，其价值观和人格得到进一步的塑造”①。让大学生一开始就怀揣着美好的理想与坚定的信念融入大学生活，在神圣而庄严的情境中感受着强大的人文情怀，当大学生再走进课堂接受思想政治理论教育时，就会有强烈的亲切感，因为仪式庆典调动了他们内心深处对思想政治理论课涵盖的世界观、人生观和价值观的情感共鸣。通过仪式的感染教育，影响大学生改变长期所认为的思想政治理论课教学方法单一、死板和教育内容枯燥乏味的心理认知。爱因斯坦曾说，所谓教育，就是一个人把在学校所学全部忘光后，剩下的东西。在思想政治理论课上，教师要传授给大学生的不只是具体的理论知识，更重要的是培养大学生的一种生存理念和价值观念，能让这些生存理念和价值观念更好地指导大学生在社会上生存，节约他们的生存成本。

第四节　引导大学生树立远大理想和坚定政治信仰，强化思想政治理论课的价值性

大学生是国家的未来，民族的希望。青年大学生要树立远大理想，并朝着自己的理想勇敢前行。一个人有了科学的、正确的、强大的共同理想和精神支柱，也就有了明确的政治方向和发展动力，并能起到精神动员的作用，意志坚定、开创伟业。②在本书所述研究的调查结果中，我们发现个别大学生对什么都是一种无所谓的态度，对思想政治理论课、教师、教学内容、教学方法等都觉得无所谓，没考虑过这些问题。对待思想政治理论课的态度是既然安排了就去上课，至于课堂上讲授了什么全然不知，考试连蒙带猜，能过万幸，过不了就参加补考。他们在思想政治理论课学习上无欲无求的消极学习态度影响的不只是思想政治理论课的学习效果，对大学生的人生观也有一定的冲击。没有良好的精神面貌，人就容易懒散、不思进取。大学生要有社会责任感和历史担当，应该从“无所谓”中觉醒，以青年人应有的饱满精神和热情积极应对人生。在新时代背景下，教育引导大学生树立远大理想和坚定政治信仰，使他们成长为为中国特色社会主义事业添砖加瓦的人才。

① 秦文佳. 大学校庆：一种以文化人的仪式展演［J］. 思想理论教育，2013（12）：86.

② 邱伟光，张耀灿. 思想政治教育学原理［M］. 北京：高等教育出版社，1999：152.

一、引导大学生树立远大理想

青年兴则国家兴，青年强则国家强。党的十九大对青年一代提出了殷切希望，青年一代有理想、有本领、有担当，国家就有前途，民族就有希望。党的十九大报告提出："广大青年要坚定理想信念，志存高远，脚踏实地，勇做时代的弄潮儿，在实现中国梦的生动实践中放飞青春梦想，在为人民利益的不懈奋斗中书写人生华章！"党的二十大报告又再次强调："当代中国青年生逢其时，施展才干的舞台无比广阔，实现梦想的前景无比光明……广大青年要坚定不移听党话、跟党走，怀抱梦想又脚踏实地，敢想敢为又善作善成，立志做有理想、敢担当、能吃苦、肯奋斗的新时代好青年，让青春在全面建设社会主义现代化国家的火热实践中绽放绚丽之花。"大多数青年大学生在学校生活的时间是3~9年，正处在一个人成长成才的关键期，正是需要正确价值观引导的时期，因为这一时期青年大学生尚未搭建完整的知识体系，价值观还需要进一步塑造成型，情感心理还尚未完全成熟。绝大多数高校毕业生经过几年的高校文化熏陶，步入社会后，他们的思想和言行会在很大程度上影响着他们这一代的年轻人，因此，高校思想政治教育虽然是针对大学生开展的，但是实际上教育效果影响的是一代青年的思想观念、价值取向和精神风貌。

引导新时代大学生树立主人翁意识。毛主席曾对青年一代说："世界是你们的，也是我们的，但是归根结底是你们的。"①习近平总书记在同各界优秀青年代表座谈时强调："中国梦是我们的，更是你们青年一代的。中华民族伟大复兴终将在广大青年的接力奋斗中变为现实。"②伟大的中华民族是由一个个具体的中华儿女在历史的长河中凝结而成的，富强文明的祖国是一个个中华儿女奋斗而来的。新时代青年大学生要牢固树立主人翁意识，不能把国家的发展、民族的复兴置身事外，不能认为那些离自己太遥远，是国家领导人的事，是民族英雄的事。无论是国家发展，还是民族复兴，都是全体中国人民共同努力付出的结果，如果没有每个人的付出奋斗，国家的发展和民族的复兴都是空谈。引导大学生牢固树立主人翁意识，为国家富强、人民幸福贡献力量，为中

① 党史上的今天（11月17日）[EB/OL].（2007-09-06）[2024-06-08] https://www.gov.cn/ztzl/17da/content_739854.htm.

② 习近平．习近平同各界优秀青年代表座谈时的讲话[EB/OL].（2013-07-10）[2024-06-08]. https://www.gov.cn/node_16404/content_2444159.htm.

国特色社会主义建设事业添砖加瓦。

教育引导新时代大学生要有历史担当。历史和现实都告诉我们，青年一代有理想、有担当，国家就有前途，民族就有希望，实现我们的发展目标就有源源不断的强大力量。大学生是国家发展和社会建设的生力军，应该承担起一定的社会责任和义务。在教育过程中，要引导青年大学生认清楚个人的发展是在国家和社会发展基础之上的，没有国家和社会的发展，个人的发展也会受到限制。无论是思想政治理论课，还是其他专业课，对于能否真学和学好，营造良好的学习氛围、提高教学质量都是外因，真正实现思想政治理论课的价值，甚至这种教育价值达到多大程度，主要还是取决于大学生自身。如果大学生本着对自己、对社会、对国家负责的态度来接受思想政治理论课教育，那么思想政治理论课教学效果就会好。

新时代大学生要有历史担当，要树立对国家、对社会作贡献，以及为人民服务的理想信念。2013年5月4日，习近平总书记在同各界优秀青年代表座谈时指出："理想指引人生方向，信念决定事业成败。没有理想信念，就会导致精神上'缺钙'。"[①]大学生对自己的使命定位不能只是顺利毕业，找到一份安稳的工作即可，大学生要有历史担当，不仅要学好专业所需技能，还要成为一个思想品德过硬的人，这样才会更有利于自身向着更远目标发展。引导大学生正确认识思想政治理论课的学习价值，要把它当作提升自我的过程，这种提升是为了更好地成长成才，为日后成就自我、服务社会、贡献国家奠定基础。中华民族伟大复兴的中国梦是全国各族人民的共同理想，也是青年一代应该牢固树立的远大理想。中国特色社会主义既是中国共产党带领人民历经千辛万苦找到的实现中国梦的正确道路，也是广大青年应该牢固确立的人生信念。习近平总书记勉励青年学生："青年人正处于学习的黄金时期，应该把学习作为首要任务，作为一种责任、一种精神追求、一种生活方式，树立梦想从学习开始、事业靠本领成就的观念，让勤奋学习成为青春远航的动力，让增长本领成为青春搏击的能量。"[②]

二、引导大学生坚定政治信仰

人民有信仰，民族有希望，国家有力量。大学生政治信仰正确，是民族发

①② 习近平. 习近平同各界优秀青年代表座谈时的讲话［EB/OL］.（2013-07-10）［2024-06-08］. https://www.gov.cn/node_16404/content_2444159.htm.

展、国家强大的坚定保障。随着综合国力的不断增强，我国在世界舞台上的分量也不断增加，越来越具有话语权，国人对祖国的自豪感不断增强。国家的发展势头锐不可当，一项项高新科技的突破鼓舞人心。教育引导大学生深刻理解中国共产党的领导是中国取得举世瞩目成就的根本，是中国共产党将马克思主义在中国进一步发展，是中国化了的马克思主义指导着中国人民坚持走中国特色社会主义道路，并取得了令世界为之震撼的成就。中国正在崛起，作为中华儿女，我们都为之自豪，在这种时代背景下，引导青年大学生坚定政治信仰，坚决拥护中国共产党的领导，坚决支持走中国特色社会主义道路，坚决相信是马克思主义的指导思想给我们带来了力量。大学生要将马克思主义作为政治信仰建构的理论基础。政治信仰是指“个人或群体对某种社会政治体系及其理论学说的信服尊敬，进而奉为言行准则的思想内容，是一种高级价值的信念”①。马克思主义是我们立党立国的指导思想，中国共产党是用马克思主义武装起来的政党，马克思主义是中国共产党人理想信念的灵魂。从中国共产党的建立到强大社会主义国家的建设，马克思主义贯穿其中，并在实践中不断发展与完善，形成了毛泽东思想、邓小平理论、“三个代表”重要思想、科学发展观和习近平新时代中国特色社会主义思想，这些思想理论都闪耀着马克思主义的光芒，指导着中国特色社会主义建设事业不断取得伟大胜利，在实践中彰显出强大的光辉与活力。新时代青年大学生要自觉学习马克思主义理论，全面把握其科学性和真理性，做到真学、真懂、真信，以马克思主义作为建构政治信仰的理论基础。

引导大学生在实践中不断坚定自己的政治信仰。引导大学生善于把马克思主义的立场、观点和方法作为自己认识事物和解决问题的行动指南。中国共产党团结带领中国人民由站起来、富起来到强起来，在实践中证明了中国共产党的强大领导力值得全体中国人民信赖，理应受到人民的拥护。青年大学生是未来社会和国家的建设者，拥护中国共产党的领导，维系着中国特色社会主义事业的稳定，事关共产主义理想的传承与实现。在马克思主义的指导下，中国特色社会主义道路越走越宽，尽管路途并非一直平坦，但是社会主义适合中国国情，适合中国人民，符合历史发展潮流毋庸置疑。我们坚信，社会主义在中国有着强大的生命力与活力，应坚决支持中国特色社会主义道路。

通过前文分析得知，淡化大学生对思想政治理论课的消极心理定势，强化

① 李德顺.价值学大词典［M］.北京：中国人民大学出版社，1995：955.

大学生对思想政治理论课的积极心理定势，需要净化社会大环境，加强校风学风建设，营造积极向上的氛围，弱化大学生学习目的的功利性。树立客观的心理评价理念，不能把整个社会出现的不良现象都归因于思想政治教育效果不佳。思想政治理论教育效果受家庭社会影响，如果社会呈现良性发展，家庭教育积极配合学校教育，那么诚信缺失、道德败坏、贪污腐败、极端恶性事件等不良现象会得到有效控制并逐渐减少。重视家庭教育，更新家庭教育理念，家长首先要注重自我成长、自我进步，为孩子树立榜样，少带一些功利心理教育孩子，切实为了孩子的身心发展作出努力。思想政治理论课自身的问题要从教师队伍、教学内容、教学方法几个方面加以改进。教师要怀着对思想政治理论教育的热爱和对大学生的热爱来从事教学，带着这两份热爱不断提升自己的业务水平。思想政治理论课教学内容要在主要内容不变的情况下，多结合现实事例，将事例与理论糅合以后再讲授给大学生。在具体的教学实施过程中要满足大学生的参与期待，多为大学生提供参与的机会，这样既能活跃课堂又能满足大学生参与期待。大学生自身也要努力，通过接受理想信念教育和政治信仰教育，将自己的人生理想与国家的共同理想结合起来，树立主人翁意识，自觉担负历史使命，以饱满的精神状态赢得人生。在中华民族伟大复兴的时代背景下，大学生“强国有我”的使命在肩，应以全新的面貌投身到学习生活当中，用自己的实际行动为祖国的发展与强大助力，为中华民族伟大复兴的民族梦想添彩。

结　语

2024年5月，习近平总书记对学校思政课建设作出重要指示：在新时代新征程上，思政课建设面临新形势新任务，必须有新气象新作为。要坚持以新时代中国特色社会主义思想为指导，全面贯彻党的教育方针，落实立德树人根本任务，坚持思政课建设与党的创新理论武装同步推进。要始终坚持马克思主义指导地位，以中国特色社会主义取得的举世瞩目成就为内容支撑，以中华优秀传统文化、革命文化和社会主义先进文化为力量根基，把道理讲深讲透讲活，守正创新推动思政课建设内涵式发展，不断提高思政课的针对性和吸引力。习近平总书记的重要指示精神为高校思想政治理论课建设发展指明了方向，提供了根本遵循。高校思想政治理论课是立德树人的主阵地和主渠道，如何改变其在部分学生心目中生硬枯燥的印象，各高校一直在不断下功夫开展研究和实践。通过互联网，利用大数据统计，由大学生自主选择感兴趣的主题，不同学科交叉，同一个主题、不同领域专家名家接力讲解，将思想政治教育融入专业课教学等，尝试让思想政治理论课深受大学生欢迎。随着各类专业课程育人功能不断得到凸显，各高校课程思政建设如火如荼。课程思政与思政课程协同育人的局面全面打开，改变了以往一些人对立德树人的狭隘认知，认为立德树人只是思想政治理论课的事，与其他专业课程关系不大。这种思想认知的打破使得思想政治理论课的重要性得到普遍认可，尽管不同地区、不同高校也会因教学资源不同而存在一定差距，但是思想政治理论课教学改革的势头蓬勃向上。习近平总书记对学校思政课建设作出重要指示：党的十八大以来，党中央始终坚持把学校思政课建设放在教育工作的重要位置，党对思政课建设的领导全面加强，各级各类学校社会主义办学方向更加鲜明，思政课教师乐教善教、潜心育人的信心底气更足，广大青少年学生“四个自信”明显增强、精神面貌奋发昂扬，思政课发展环境和整体生态发生全局性、根本性转变。思想政治理论课建设取得的成绩以及发生的根本性变化，进一步减弱了大学生对思想政治理论课的消极心理定势，强化了大学生的积极心理定势。大学生会对思想政治理论课怀着较高的期待，期待在思想政治理论课学习中有更多获得感。大学生的期待，对思想政治理论课教师而言，既是压力，也是动力，我们有信心也有理由相信思想政治理论课的立德树人作用会越来越得到彰显。

大学生对思想政治理论课的认知态度和价值期许，即大学生对思想政治理论课形成的心理定势并不是彼此孤立存在的，而是多种因素相互交织，即影响大学生心理定势的原因是多重的。大学生对思想政治理论课的心理定势，尤其是消极的定势，不仅影响着思想政治理论课的教学效果，也影响着思想政治教育的实效。思想政治理论课告诉我们社会的一种应然状态，而大学生容易将教师所讲授的应然状态和社会的实然状态进行比对，导致结果反差较大，因此，部分大学生会对思想政治理论课产生某种程度上的消极心理定势。教师要积极引导大学生正确对待思想政治理论课教学的理想性和现实性，思想政治理论课是在引导大学生向善向好，而不是一味地向大学生灌输这好那好。大学生需要区分理想社会的现实性和可能性，而不是一味地用思想政治理论课的教学内容与现实社会作比照，进而形成对思想政治理论课的认知定势。通过上文的研究分析可以知道，心理定势对人们后继的思维方式和行为倾向有着举足轻重的作用，强化积极的心理定势，消除消极的心理定势，切实提高思想政治理论课的实效，是本书研究大学生思想政治理论课心理定势的初衷。著者相信，通过多方努力，思想政治理论课会进入良性循环，并不断得到大学生的认可和喜爱，使大学生爱上这类课程。

著者力争对大学生思想政治理论课的心理定势进行深入的研究和分析，但由于某些局限性，使得本书所述研究存在着一定的遗憾，这些局限主要体现在研究方法的局限和自身研究能力的局限上，这也为今后继续开展研究留有一定的空间。本书所述研究是针对大学生对思想政治理论课的心理定势开展的，既然是心理定势，就少不了运用心理学的研究范式，既要求有质性研究，也要求有量化研究。本书采取了质性研究和量化研究相结合的方式，但更偏重量化研究。从实践经验和现实状况分析，大学生对思想政治理论课的心理定势对接受思想政治理论课产生着重要影响，但对大学生的学习心理毕竟缺乏情境性、过程性等质性分析，因此，再好的数据结论也难以全面反映大学生的客观情况。故本书旨在为思想政治理论课教师提供教学参考，对大学生思想政治理论课的心理定势研究还有待进一步加强实践探索，特别要融入质性分析，并就微观的、深层的特殊现象和问题进行深入细致的描述与分析。另外，数据统计和分析也存在一定的局限性。由于本书涉及很多心理学方面的知识，要求有社会学方面的研究方法，但限于著者没有心理学和社会学知识背景，尽管已自学心理学和社会学相关知识，但尚未系统地掌握统计与分析心理学和社会学专业数据的方法，因此，在处理数据时，只限于简单的相关影响因素分析，没有更深层次的相关性分析，这是著者今后研究努力的方向。同时，研究过程中的自编调查问卷和访谈提纲还有待进一步检验和完善。出于时间原因，田野考察不够深入，访谈和实地考察的内容和思考有待加强。

由于本书写作时间有限及著者的精力所限，本书偏重量化分析，即对问卷调查的结果进行了较为全面的分析和整理，但是对访谈的内容只是进行了笼统的质化分析。对人们思想和心理的研究，不是仅用这些客观数据就能得出研究结果的。人们思想和心理的复杂程度是无法准确量化的，无论是问卷调查还是访谈，都只能为我们更进一步地了解大学生对思想政治理论课的认知与期待提供参考，还需要我们用主观积累的经验即主观知识来分析判断。在大学生对思想政治理论课的心理定势研究中，只靠调查问卷和一部分访谈资料无法全面揭示大学生的心理定势形成因素及影响因素，还需要长时间的融入学生当中进行接触、观察，并且需要研究者亲身的经历，即亲自讲授思想政治理论课，近距离、全方面地了解大学生的心理认知。著者希望今后通过思想政治理论课的讲授，与大学生长期近距离接触，不仅要走进大学生的课堂，而且要走进大学生的生活，使研究的深度和广度能够得到进一步的深入与拓展。

参考文献

[1] 石海田. 文学接受与心理定势 [J]. 河北学刊, 1988 (2): 82-86.

[2] 袁翔华. 教师心理定势对大学外语教学的影响研究 [J]. 宜宾学院学报, 2011 (3): 181-183.

[3] 李晓峰, 谭兵, 孟威, 等. 新时期高校辅导员队伍建设问题的思考 [J]. 辽宁经济管理干部学院学报, 2015 (2): 104-106.

[4] 余磊. 核心素养下初中班主任处理问题学生的有效策略的探讨 [J]. 新课程, 2017 (7): 256.

[5] 徐俊, 方章东. "90" 后大学生信仰与政治观念认同实证分析 [J]. 长春大学学报, 2014, 24 (12): 1708-1711.

[6] 上官苗苗, 王立仁. 学生需要在思想政治理论课教学中的意义 [J]. 思想政治教育研究, 2016, 32 (12): 59-62.

[7] 雷志成. 论思想政治理论课与大学生内在需求的契合 [J]. 教育与职业, 2015 (6): 150-152.

[8] 朱秋, 李淑丽. 大学生对思想政治理论课认同度不高的原因分析 [J]. 长春大学学报, 2012 (4): 472-474.

[9] 刘建军. 论思想政治理论课教育教学的本质特征与基本要求: 习近平考察中国人民大学相关重要论述的理论阐释 [J]. 思想政治课研究, 2022 (3): 4-10.

[10] 斯米尔诺夫. 苏联心理科学的发展与现状 [M]. 李沂, 等译. 北京: 人民教育出版社, 1984.

[11] 阿伦森. 社会性动物 [M]. 邢占军, 译. 9版. 上海: 华东师范大学出版社, 2007.

[12] 梁良良, 黄牧怡. 走进思维的新区: 创意思维训练实用手册 [M]. 2版. 北京: 中央编译出版社, 2006.

[13] 布列钦卡. 教育科学的基本概念：分析、批判和建议 [M]. 上海：华东师范大学出版社，2001.
[14] 张琼，马尽举. 道德接受论 [M]. 北京：中国社会科学出版社，1995.
[15] 赞科夫. 和教师的谈话 [M]. 杜殿坤，译. 北京：教育科学出版社，1980.
[16] 陈万柏. 思想政治教育学原理 [M]. 北京：中国人民大学出版社，2013.
[17] 《习近平总书记系列讲话精神学习读本》编写组. 习近平总书记系列重要讲话精神学习读本 [M]. 北京：中国方正出版社，2014.
[18] 卡内基. 处理人际关系的艺术 [M]. 丹宁，译. 北京：北京出版社，1988.
[19] 皮连生. 教育心理学 [M]. 3 版. 上海：上海教育出版社，2004.
[20] 风笑天. 社会研究方法 [M]. 4 版. 北京：中国人民大学出版社，2013.
[21] 陈大柔，丛杭青. 思想政治教育心理学 [M]. 北京：中国大百科全书出版社，1995.
[22] 弗兰佐. 社会心理学 [M]. 葛鉴桥，陈侠，胡军生，等译. 3 版. 上海：上海人民出版社，2010.
[23] 陶国富，王祥兴. 大学生社会心理 [M]. 上海：华东理工大学出版社，2005.
[24] 侯玉波. 社会心理学 [M]. 3 版. 北京：北京大学出版社，2013.
[25] 马斯洛. 动机与人格 [M]. 许金声，等译. 3 版. 北京：中国人民大学出版社，2013.
[26] 许靖. 偏见心理学 [M]. 北京：北京理工大学出版社，2010.
[27] 陈伟军. 社会思潮传播与核心价值引领 [M]. 北京：人民出版社，2015.
[28] 宇文利. 现代思想政治教育课程论 [M]. 北京：北京大学出版社，2012.
[29] 奥苏伯尔，等. 教育心理学：认知观点 [M]. 佘星南，宋钧，译. 北京：人民教育出版社，1994.
[30] 张红. 高校思想政治理论课教学方法整合的研究 [J]. 高教论坛，2012（12）：18-20.
[31] 赵方园. 浅析大学生对思想政治理论课认知的现状及对策 [J]. 新疆广播电视大学学报，2015，19（2）：48-51.
[32] 王立仁，张小秋. 思想政治教育认同的影响因素分析 [J]. 马克思主义理论学科研究，2016（2）：161-169.
[33] 李巧巧. 大学生心理健康教育与生命教育融合的实现途径研究 [J]. 高教探索，2015（2）：121-124.

［34］ 张婷婷 . 消弭与重构：高校思想政治理论课教师身份认同研究：以S院校为例［J］. 教学研究，2013，36（6）：44-48.

［35］ 胡贵勇，刘艳，李明刚 . 教师的教学自信及其形成［J］. 山东社会科学，2015（增刊）：114-115.

［36］ 王珏 . 社会生活中的存在感：心理学的解释［J］. 成都理工大学学报（社会科学版），2016，24（6）：55-61.

［37］ 刘书林 . 新世纪以来青年价值观新取向分析［J］. 思想理论教育，2016（9）：10-16.

［38］ 习近平在全国高校思想政治工作会议上强调：把思想政治工作贯穿教育教学全过程 开创我国高等教育事业发展新局面［N］. 人民日报，2016-12-09（1）.

［39］ 王洁敏 . 从众心理对大学生思想政治理论课学习的影响：由一次课堂提问引发的思考［J］. 南阳师范学院学报，2012（4）：110-113.

［40］ 华莉莉 . 中小学德育课程的学生学习心理及其影响因素调查研究［J］. 上海教育科研，2017（9）：54-57.

［41］ 朱晓红 . 回眸与前瞻：学习动机缺失研究［J］. 南京师大学报（社会科学版），2011（3）：126-131.

［42］ 王传富 . 制约中国当前家庭教育发展的若干问题［J］. 继续教育研究，2012（2）：4-7.

［43］ 陈建翔 . 新家庭教育论纲：从问题反思到概念迁变［J］. 教育理论与实践，2017，37（4）：3-9.

［44］ 郑翼盈 . 大学生仪式教育的思想政治教育功能研究［D］. 石家庄：河北科技大学，2023.

［45］ 高晓林，骆良虎 . 仪式教育融入“大思政课”建设的内在逻辑、价值意蕴与实践理路［J］. 思想教育研究，2023（1）：103-108.

［46］ 王洪生 . 政治导向：思想政治教育学科建设的关键［J］. 中学政治教学参考，2017（11）：57-60.

［47］ 马平均，胡新保 . 社会主义核心价值观融入大学校园文化建设的几点思考［J］. 思想教育研究，2017（1）：56-58.

［48］ 中国大百科全书：心理学［M］. 北京：中国大百科全书出版社，1991.

［49］ 王娟 . 高中文科和理科学生关于高中政治课学习动机的比较研究［D］. 西安：陕西师范大学，2012.

[50] 陈浩.心理定势的内在作用机制：信息加工心理学的视角［D］.天津：南开大学，2005.

[51] 王东阳.大学生对思想政治理论课的消极态度及其解决对策研究［D］.长春：长春理工大学，2014.

[52] 张小秋.学生思想政治教育主体研究［D］.长春：东北师范大学，2016.

[53] 央视网.高校思政课改革 让学生更加走心［EB/OL］.（2018-01-02）［2024-01-18］. http://tv.cctv.com/2018/01/02/VIDEELz8XGY0dwNycA0LFOlK180102.shtml.

[54] 德西，弗拉斯特.内在动机：自主掌控人生的力量［M］.王正林，译.北京：机械工业出版社，2020.

[55] 王学俭.论推进新时代高校思想政治理论课守正创新的几个重点问题［J］.马克思主义理论学科研究，2021，7（7）：97-104.

[56] 许泽辉，蒋红群.高校思想政治理论课课程体系建设的历史演进与基本经验［J］.教育观察，2020，9（45）：39-41.

[57] 杨威，李津.习近平关于高校思想政治理论课建设重要论述探析［J］.井冈山大学学报（社会科学版），2022，43（4）：5-11.

[58] 张晓.思政课亲和力：素养、规律与获得感：基于高校教师的研究视角［J］.山西财经大学学报，2022，44（11）：121-126.

[59] 李芳，陈道发，胡中波.新时代高校思想政治理论课建设的“守正”与“创新”［J］.黑龙江教育（高教研究与评估），2021（11）：69-73.

[60] 贾绘泽.思想政治理论课要讲清楚道理学理哲理［J］.思想政治教育研究，2023，39（3）：76-80.

[61] 赵李叶.思想政治理论课探究式教学“问题情境创设”的逻辑与实现［J］.思想政治教育研究，2023，39（1）：104-109.

[62] 佘双好，田贵华.五年来高校思想政治理论课建设的显著成绩和深刻变化［J］.思想理论教育，2024（3）：4-10.

[63] 李腊生.高等教育基本规律视阈下的思政课教学改革与创新［M］.武汉：武汉大学出版社，2021.

附　录

新时代大学生思想政治理论课心理定势研究调查问卷

亲爱的大学生朋友，您好！非常感谢您愿意抽出时间来完成这份问卷。此问卷基于本研究所需，采取匿名答卷，只作为本研究所用，您真实客观的作答对本研究有非常重要的参考价值，再次感谢您的帮助！

一、基本情况

1. 您的性别是（　　）。

A. 男　　B. 女

2. 您的民族是（　　）。

A. 汉族　　B. 少数民族

3. 您所在的高校是（　　）。

A. “985”“211”院校　　B. 普通高等学校　　C. 专科院校

4. 您的专业是（　　）。

A. 理工科　　B. 文科　　C. 艺术体育类

5. 您的年级是（　　）。

A. 大一（含大专一年级）　　B. 大二（含大专二年级）

C. 大三（含大专三年级）　　D. 大四

6. 您的生源地是（　　）。

A. 大城市　　B. 中小城市、县城

C. 乡镇　　D. 农村

7. 您的政治面貌是（　　）。

A. 中共党员（含预备党员）　　B. 其他党派人士　　C. 无党派人士

D. 共青团员　　E. 群众

二、中学时期影响

1. 中学时期您喜欢或重视政治、历史类课程吗？(　　)

A. 喜欢（重视）　　B. 一般

C. 不喜欢（不重视）

2. 您认为中学时期开设的政治、历史类课程怎么样？(　　)

A. 有意思，内容丰富，课堂生动有趣，很受用

B. 跟其他课程一样，都参加中考和高考

C. 都是副科，不重要

D. 都是说教理论，枯燥无味

3. 您中学时是如何学习政治、历史类课程的？(　　)

A. 联系生活实际理解记忆，有时也会将学到的知识运用于现实生活中

B. 上课认真听，课后经常背知识点

C. 平时随便听一听，临考前背一背

D. 不怎么学，考试靠生活经验编

4. 您对中学政治、历史类课程的看法影响您对高校思想政治理论课的态度吗？(　　)

A. 影响　　B. 有一定影响

C. 没有影响

5. 您对中学政治、历史类课程的看法让您对高校思想政治理论课产生了怎样的看法？(　　)

A. 感觉也是说教类课程

B. 觉得没有专业课重要，就是为了拿学分毕业

C. 觉得高校思想政治理论课内容会更丰富深刻，能够学到更多的知识

三、家庭影响

1. 您父母的职业是（　　）。(可双选，即父母各自的职业）

A. 党政领导干部　　B. 普通公职人员

C. 企业员工　　D. 教职人员

E. 务农　　F. 个体

2. 您父母的学历是（　　）。（可双选，即父母各自的学历）

A. 中学及以下学历　　B. 本科或大专学历

C. 研究生学历

3. 您父母平时会关注伦理道德、政治法律、社会民生类问题吗？（　　）

A. 经常关注

B. 遇到较大社会事件时才会关注

C. 从不关注

4. 除了学习成绩，平时父母是否会关心您的心理，与您沟通交流？（　　）

A. 关心，经常沟通，及时解决生活中的问题和困难

B. 不太关心，偶尔询问一下

C. 不关心，从来不沟通

四、文化背景

1. 您在班级综合测评中大致的排名是（　　）。

A. 班级排名前30%　　B. 排名中等

C. 班级排名后30%

2. 您认为相比于中学时期，您在大学时期的学习状态有变化吗？（　　）

A. 感觉压力更大了，要学习的知识太多了

B. 有点儿变化，感觉没了升学考试的“紧箍咒”，有喘息的机会了

C. 有变化，觉得学习和生活应该兼顾，喜欢参加各种社会活动

D. 变化很大，感觉终于解脱了，不用天天担心分数了

3. 课余时间您一般怎么度过？（可多选）（　　）

A. 参加校园社团活动　　B. 健身、运动

C. 做兼职（家教、打工）　　D. 看电视、上网

E. 看专业书、复习专业知识　　F. 看课外书

G. 玩游戏

4. 您平时关注国内外政治、社会民生等问题吗？（　　）

A. 经常关注　　B. 有时关注

C. 很少关注

5. 您认为参加学校社团活动有意义吗？（　　）

A. 意义很大，可以丰富校园生活，锻炼学生各种能力

B. 有一定意义，可以劳逸结合，缓解课业学习的紧张

C. 意义不大，有些学校社团活动只是一种形式，缺乏实质意义

D. 没意义，浪费时间

6. 互联网对您有影响吗？（　　）

A. 影响很大　　B. 有影响

C. 影响不大　　D. 没影响

7. 请您对自己上网所做之事进行排序。

所做之事	排序
网课学习	
刷社交平台（微信、微博等）	
看头条新闻	
看影视剧（含文艺节目）	
网购、网络游戏	

8. 互联网对您的价值观产生了怎样的影响？（　　）

A. 拓展了知识视野，提升了价值判断力

B. 它是了解社会的一种渠道，对价值观影响不大

C. 混淆了价值观

9. 如果您发现互联网上传播了错误的思想信息，您会如何对待？（　　）

A. 在网上正面发声，伸张正义

B. 不受错误思想影响，独自保持理性思辨

C. 置之不理

五、对理论课的固有认知

1. 您认为开设思想政治理论课的意义是什么？（可多选）（　　）

A. 实现国家政治统治所必需的意识形态教育

B. 促进社会有序发展

C. 拓宽知识面，开阔视野，促进个人的自由全面发展

D. 满足大学生日后学习、工作、生活需要

E. 只对考研、考公务员等资格类考试有用

F. 是政治理论说教，没什么意义

2. 您对现行的思想政治理论课教学满意吗？（　　）

A. 满意　　　　B. 一般

C. 不满意　　　　D. 无所谓

3. 您认为学习思想政治理论课会对您在价值判断上有影响吗？（　　）

A. 影响很大，在判断是非对错时，首先会想到运用思想政治理论课上学到的相关知识

B. 有一定影响，会对思想政治理论课所学知识与生活经验进行综合考虑后，再进行价值判断

C. 影响很小，一般都根据生活经验进行价值判断

D. 完全没有影响

E. 思想更加混乱，看法也出现矛盾

4. 思想政治理论课作为对人们进行价值观和社会规范教育的课程，您认为目前社会上出现的诚信缺失、道德滑坡、贪污腐败等不良社会现象是思想政治理论课教学效果不佳导致的吗？（　　）

A. 不是，不良社会现象的产生是社会急速发展、经济转型过程中多种矛盾长期聚积得不到解决的结果

B. 有一定的原因，但不是主要原因

C. 是，不良社会现象的产生是思想政治理论课的失效

5. 您认为思想政治理论课堂的学习氛围对您有影响吗？（　　）

A. 有影响，活跃的课堂我也愿意积极参与，沉闷的课堂我也不想学

B. 影响不大，我有自己的学习规划

C. 没影响，感兴趣就学，不感兴趣就不学

6. 您身边的同学、朋友对思想政治理论课的态度如何？（　　）

A. 大多数同学都认真学习

B. 有的同学认真学，有的同学不好好学，各占一半

C. 认真学的同学少，多数同学都是为了应付考试

7. 您对思想政治理论课教学内容最深的印象是什么？（　　）

A. 空泛、讲大道理，在一定程度上脱离实际

B. 基本联系实际

C. 紧密联系实际

8. 您认为当前思想政治理论课教学内容中存在的主要问题有哪些？（可多选）（　　）

A. 很多在中学政治、历史课中都学过，拓展深度不够

B. 与现实结合不足，缺乏生活感，实际用途不大

C. 多集中关注国家意识形态要求，对个人发展关注较少

D. 理论性太强，不易理解

E. 空泛，相互交叉重叠，缺乏科学组合和整体联系

9. 您认为当前思想政治理论课教学方法存在的主要问题有哪些？（可多选）（　　）

A. 专题式教学存在形式化问题

B. 灌输型的理论说教模式，学生参与度较低

C. 问题式教学开展不足，而且问题针对性不强

D. 教学方式陈旧、单一，不能激发学生的学习兴趣

10. 您对思想政治理论课教师的印象如何？（可多选）（　　）

A. 是遵纪守法的典范，政治道德的风向标

B. 知识面广、思想活跃、平易近人

C. 理论功底扎实，分析问题透彻

D. 是意识形态宣讲的主体，思想保守，朴实无华

E. 讲课水平与中小学政治、历史类科目教师差不多

F. 只重理论说教、照本宣科

G. 没考虑过这个问题

11. 上思想政治理论课之前，您会向学长打听即将开设的课程是否有意思或考试是否容易通过吗？（　　）

A. 会，这样有利于日后安排学习该课的计划

B. 可能会，心里能有点儿准备，毕竟通过考试比较重要

C. 不会

12. 上思想政治理论课之前，您会预习将要学习的内容吗？（　　）

A. 会预习，学习效果会更好

B. 时间充裕时，提前翻看一下

C. 不预习，上课认真听

D. 不预习，课堂随便听一下

13. 有些思想政治理论课教师上课缺乏吸引力，您认为最主要的因素是什么？（ ）

A. 理论功底欠缺，对本学科知识掌握缺乏必要的广度和深度

B. 教师自身对课堂教学重视不够，照本宣科，念课件

C. 上课缺乏激情，没有感染力，导致课堂气氛沉闷

D. 教师缺乏人格魅力

14. 您认为当前思想政治理论课教学外在环境存在的主要问题有哪些？（可多选）（ ）

A. 社会风气整体浮躁

B. 信息化时代，社会思潮多元，真假难辨，对错难分

C. 现实中不良现象、公众人物的不良形象都影响着学生的价值观

D. 亲戚、家人不重视思想道德教育，更看重分数

E. 身边同学、朋友都不喜欢思想政治理论课

F. 学校只重视教师的科研，不重视课堂教学

G. 教师未能将思想政治理论课教学与一般的专业教学区别对待

H. 学生对课程性质认识不清，只为了获得学分

六、期待

1. 您觉得思想政治理论课堂较适合的班级规模是多少人？（ ）

A. 60 人以下，小规模，便于课堂上师生互动，能让更多的同学有机会发言

B. 60 ~ 99 人，规模不大不小，便于分组学习

C. 100 人及以上，学生多更容易碰撞出智慧的火花

2. 您觉得思想政治理论课班级的学生构成最理想的模式是（ ）。

A. 文、理、艺分开，随机组合编班，教学更具针对性

B. 文、理、艺随机合班，有利于同学之间形成跨学科视野

C. 教师主导，确定班级规模，让学生自主选课组班

3. 您最期待什么样的思想政治理论课教师上课？（ ）

A. 理论素养深厚，具有扎实的专业功底，说理透彻

B. 分析问题时，有自己独到的见解

C. 风趣幽默，富有人格魅力

D. 吐槽型，容易引起学生的共鸣，能拉近与学生的距离

E. 没什么期待，只想考试能通过

4. 当您对任课教师的观点有不同看法时，您会怎么做？（　　）

A. 主动和教师交流，阐述自己的看法

B. 和同学交流，对教师的观点进行讨论

C. 查阅有关资料，自己搞清楚

D. 接受教师的观点

5. 在思想政治理论课上，如果老师提出问题，您的内心感受如何？（　　）

A. 非常感兴趣，愿意去思考

B. 担心被抽到回答问题，被迫去思考

C. 漫不经心地随便想几句话应付

D. 不去思考，等老师或其他同学回答

6. 你感兴趣的思想政治理论课内容是（　　）。（可多选）

A. 历史文化，可以系统了解中华文明

B. 新中国成立以来的思想体系，了解新中国的发展轨迹

C. 哲学原理，可以用思辨的眼光看待事物

D. 时政要闻和热点评析，既有生活气息，又比较接地气

E. 事关自身成长问题，以便更好地处理人情世故

7. 您希望思想政治理论课程朝哪些教学模式的方向发展？（可多选）（　　）

A. 灌输式　　B. 专题式

C. 互动式　　D. 启发式

E. 论辩式　　F. 情景式

G. 案例式　　H. 问题式

8. 您更喜欢哪种类型的思想政治理论课程的社会实践？（　　）

A. 参加公益活动

B. 到思想政治理论课程教育实践基地参观考察

C. 社会调查

9. 您觉得哪种方式对提高思想政治理论课程的实践教学效果最好？（　　）

A. 撰写实践报告　　B. 课堂讨论

C. 分组汇报

10. 您认为思想政治理论课应该着重培养学生哪方面的能力？（　　）

A. 灵活掌握知识的能力

B. 分析问题、解决问题的思维能力

C. 将知识转化为行动的执行能力

11. 您希望通过思想政治理论课学习收获什么？